Cahiers libres

Lorraine Data

Le grand truquage

Comment le gouvernement manipule les statistiques

La Découverte
9 *bis*, rue Abel-Hovelacque
75013 Paris

Si vous désirez être tenu régulièrement informé de nos parutions, il vous suffit de vous abonner gratuitement à notre lettre d'information bimensuelle par courriel, à partir de notre site

www.editionsladecouverte.fr

où vous retrouverez l'ensemble de notre catalogue.

ISBN 978-2-7071-5793-5

Introduction

Polémiques récurrentes sur les vrais chiffres du chômage, affrontements politiques sur le thème de la vie chère et de la véritable évolution du pouvoir d'achat, décomptes contestés sur l'origine ethnique de certaines composantes de la population française, données fortement contestables sur l'évolution de la délinquance ou des actions de la police et de la justice, etc., l'usage des statistiques dans le débat politique soulève aujourd'hui au moins autant d'interrogations qu'il apporte de réponses. Si tout le monde s'accorde à considérer que l'évaluation chiffrée des politiques publiques constitue un progrès démocratique, chacun pressent que, du coup, la production statistique est devenue un enjeu politique en soi. Les attitudes de nos concitoyens, et des journalistes, balancent alors entre crédulité (« tu vois, c'est prouvé par les chiffres... ») et défiance (« crois-moi, ces chiffres, c'est que de l'intox ! »). Et l'on ne saurait leur donner tort : il y a bien aujourd'hui une dérive de l'usage politique des statistiques publiques.

Dans notre société hypermédiatique, il faut savoir délivrer un message en vingt secondes, donc prendre le risque de dire des choses simples sur des sujets souvent complexes et dans un langage qui n'est pas toujours rigoureux. Dans ce contexte, il n'est pas étonnant que la dictature du chiffre rôde sur les plateaux et que la plupart des intervenants du débat public (décideurs politiques, journalistes, « experts » aux compétences diverses) continuent de croire ou de faire semblant de croire que les chiffres « parlent d'eux-mêmes ». Consciemment ou non, ils habituent progressivement leurs publics à « fétichiser » le chiffre et ils l'imposent dès lors comme la référence incontournable pour « crédibiliser » les informations et les messages délivrés par leurs présentateurs comme par les invités politiques. Le chiffre, à la fois péremptoire et fade, tend ainsi à remplacer l'argumentation. Le chiffre est simple et il donne le sentiment (ou plutôt l'illusion) que l'on comprend et maîtrise ce dont on parle. Or la simplicité sert généralement la partialité, elle est donc trompeuse. Forts de ce constat et avec une tendance particulièrement accrue depuis 2002, nos gouvernants se livrent de plus en plus à un « bricolage statistique » qui nous semble dangereux pour la démocratie.

Dans sa définition la plus immédiate, le terme bricolage renvoie à un « travail rapide, improvisé ». Dans une définition un peu plus élaborée, bricoler, c'est utiliser un ensemble d'objets et d'outils hétéroclites dans un usage qui n'était pas initialement le leur, et ce pour parvenir de toute façon à ses fins. Dire qu'aujourd'hui le pouvoir se livre à du « bricolage statistique », c'est souligner à quel point nos gouvernants ont une fâcheuse tendance à ne mettre en exergue que les statistiques qui servent leurs objectifs, à se livrer à de multiples détournements de sens des données chiffrées qu'ils avancent ou à faire pression sur les administrations pour qu'elles produisent des chiffres conformes aux objectifs qu'ils ont eux-mêmes fixés. Certes, les statistiques ne représentent jamais parfaitement la réalité, mais elles en sont une représentation qui doit être construite avec un réel souci de rigueur scientifique. Or elles sont de plus en plus utilisées par les hommes politiques, avec au moins autant de duplicité que de maladresse.

Un sens du service public... qui se perd !

Le collectif Lorraine Data réunit des statisticiens appartenant à différentes institutions (Insee, services statistiques des ministères, organismes de recherche). Il s'est constitué au fil de rencontres plus ou moins formelles au cours desquelles nous avons échangé sur les pressions des cabinets ministériels ou de leurs hiérarchies que nous rencontrions tant dans la conduite de nos travaux que dans l'exploitation de leurs résultats. Désirant alerter l'opinion publique sur les dérives de plus en plus inquiétantes que nous constations dans la production et l'usage des statistiques, il nous est apparu nécessaire de faire part de notre indignation face à ces dérives. De par notre statut, nous avons cependant, pour la plupart, tenu à l'anonymat.

L'objectif premier des différentes contributions réunies dans cet ouvrage est de montrer pourquoi et comment ce « bricolage statistique » est devenu monnaie courante dans différents domaines de l'action publique. Les analyses présentées portent sur plusieurs volets de l'action publique : emploi, pouvoir d'achat, sécurité, immigration, etc. La liste des domaines explorés n'a pas l'ambition d'être exhaustive et de nombreux domaines non évoqués ici sont concernés par des dérives similaires à celles que nous décrivons. Nos choix ont plutôt découlé de l'actualité la plus immédiate, tant il est vrai que la manipulation médiatico-statistique est devenue un instrument privilégié de l'action politique, notamment depuis la campagne électorale de 2002 et son thème central de l'« insécurité ». C'est sur les manipulations statistiques autour des principaux mots d'ordre de la politique gouvernementale actuelle que nous avons souhaité concentrer notre attention [1].

1 Du fait des innombrables entorses à l'éthique et aux pratiques usuelles en la matière, la communication gouvernementale autour des données macroéconomiques aurait certainement mérité une attention toute particulière. Notre lecteur sera peut-être surpris de ne pas trouver une contribution qui lui soit spécialement consacrée. Cependant, la rapidité des évolutions de la conjoncture à la fin de l'année 2008 et au début de l'année 2009 était de nature à susciter un véritable problème de perti-

Notre démarche collective est également fondée sur une volonté de souligner la nécessité fondamentale de préserver l'indépendance du système statistique face aux ingérences de plus en plus fréquentes du politique. Cette indépendance doit d'ailleurs être garantie aussi bien au niveau de la production des données que des premières utilisations et interprétations qui en sont faites. En effet, la production de statistiques ne tombe pas du ciel. Elle a été décidée pour répondre à des questions traditionnelles que se posent les acteurs sociaux, les hauts fonctionnaires, les chercheurs, dans un but de connaissance objective du réel, de mesure impartiale des évolutions, bref : dans l'esprit du *service public* et non pour satisfaire les objectifs et les intérêts de tel ou tel.

Au travers des différentes contributions réunies, notre lecteur pourra prendre conscience de *quatre* techniques usuelles pour accommoder les statistiques à la sauce gouvernementale.

1. *Ne retenir que ce qui arrange*. La plus prisée, car probablement la plus facile à mettre en œuvre, consiste à sélectionner parmi différents indicateurs possibles celui qui évoluera dans le sens souhaité et à ne plus

---

nence des exemples retenus au moment de la publication de cet ouvrage. Ainsi, après avoir adopté un discours exagérément optimiste pendant les dix-huit premiers mois de son ministère, Christine Lagarde semble, au moment où nous écrivons, en passe d'adopter une posture radicalement inverse, afin sans doute de profiter d'une inespérée sortie de crise...

communiquer que sur lui. L'analyse des chiffres de la pauvreté nous a fourni l'un des meilleurs exemples de ce type de manipulation. Pour limiter un risque politique élevé d'échec face aux ambitieux objectifs de lutte contre la pauvreté affichés par le Haut Commissaire Martin Hirsch, les pouvoirs publics s'efforcent de substituer un nouvel instrument de mesure – le taux de pauvreté ancrée dans le temps – à l'indicateur traditionnel validé au niveau européen et utilisé depuis de nombreuses années. Le recours à ce type de supercherie est d'autant plus aisé que les indicateurs possibles sont nombreux, en raison de la complexité des problèmes sociaux considérés.

Mais les difficultés institutionnelles et les dangers politiques inhérents à l'abandon d'un indicateur bien connu du grand public peuvent inciter les manipulateurs à n'agir que sur les méthodes de calcul, en amont de l'indicateur lui-même. Les différents « tripatouillages » autour des statistiques de l'emploi qui sont relatés dans cet ouvrage montrent à quel point les tentations peuvent être grandes en ce domaine. La quasi-impossibilité d'expliquer simplement au grand public la nature et l'impact de ces modifications garantit en effet une certaine impunité politique. Comme l'ont montré les pratiques autour du contrat nouvelles embauches (CNE), le gouvernement peut également jouer sur les différences qui peuvent apparaître lorsque plusieurs sources sont à l'origine d'un même indicateur, en retardant la publication des données qui lui sont moins favorables, voire en les censurant.

2. Utiliser un indicateur « écran ». Alors que la question des inégalités est au cœur du débat politique, un second type de manipulation consiste en l'utilisation privilégiée de statistiques qui masquent l'évolution réelle de ces phénomènes. Ainsi, un indicateur comme l'indice des prix, en focalisant l'attention sur une moyenne, se révèle n'être un indicateur pour personne, justement parce qu'il veut être une mesure pour tous. L'évolution d'une moyenne dans le temps ne conserve une signification que si les inégalités ne se déforment pas de façon sensible. Interpellé par plusieurs syndicalistes et responsables politiques sur cette question, Thierry Breton, alors ministre de l'Économie et des Finances, avait bien envisagé la publication de quatre indices correspondant à différents types de ménages. Mais, compte tenu de l'utilisation stratégique de l'indice par de multiples secteurs ou acteurs économiques, cette proposition n'a jamais connu de suite, au moins au niveau de la communication gouvernementale. Dans ce domaine comme dans beaucoup d'autres, le gouvernement a probablement tout à craindre d'un réel débat autour de l'élaboration et de la signification de l'actuel indice des prix. Ce débat ne manquerait pas de mettre au jour des évolutions divergentes d'indices variés reflétant l'ampleur et la diversité des inégalités de revenus et de consommation dans notre pays. Souhaité par de nombreux statisticiens, las de voir leurs travaux injustement décriés, un tel débat, démocratique car contradictoire, est de plus en plus indispensable. Il permettrait d'éviter les dérives populistes sur ce thème, dérives qui, depuis Pierre Poujade jusqu'à Ségolène Royal (« La vie chère ») en passant par Nicolas Sarkozy (« Je serai le président du pouvoir d'achat »), sapent la crédibilité du service public de l'information statistique.

3. Changer la façon de compter en gardant apparemment le même indicateur. Piloter les données administratives à la base de certains indicateurs constitue une troisième méthode usuelle de manipulation statistique. Depuis quatre ou cinq ans, elle est particulièrement prisée par nos gouvernants, même si leurs prédécesseurs ne s'interdisaient pas totalement d'y recourir. Les différentes contributions de cet ouvrage fourmillent d'exemples de modifications institutionnelles et de changements de méthode de gestion des services publics dont l'objectif principal – mais bien sûr inavoué – est de modifier les statistiques dans un sens favorable à l'évaluation de l'action gouvernementale. En réaffectant certains demandeurs d'emploi dans une nouvelle catégorie, l'ANPE a ainsi, entre 2005 et 2007, fait baisser artificiellement le taux de chômage.

La contribution sur les chiffres de la délinquance montre qu'il est facile de faire croire à une baisse de l'insécurité dans une administration où le respect de la hiérarchie est une valeur cardinale. Il suffit pour cela d'inciter les policiers à refuser d'enregistrer certaines plaintes ou de les noter dans le seul registre de main courante qui, heureux hasard, n'est pas pris en compte dans la statistique retenue pour rendre compte de la hausse ou de la baisse de cette délinquance. Déqualifier un délit en contravention, rassembler plusieurs faits dans un seul enregistrement, retarder la transmission au-delà de la clôture mensuelle de l'enregistrement sont également d'efficaces moyens pour faire passer des milliers de petits délits à la trappe.

Face à de telles dérives, les chercheurs ou les statisticiens cherchent à privilégier les données d'enquête. Mais, même avec cette méthodologie, pressés par des gouvernants avides de résultats rapides susceptibles de les conforter, ils peuvent se trouver confrontés à de très délicats problèmes résultant des aléas de sondage, des modifications internes de l'enquête (questionnaire, base de sondage, méthode de redressement et de pondération, taux de réponse) ou à des effets déclaratifs intempestifs liés à la médiatisation de la mesure. Autant de problèmes qui doivent être traités dans le respect d'une éthique et d'un code de bonnes pratiques, à l'abri des pressions politiques et des impératifs de la communication gouvernementale. Ce qui est loin d'être le cas actuellement.

4. Faire dire à un chiffre ce qu'il ne dit pas. Obnubilés par la qualité de leurs prestations médiatiques, nos gouvernants sont de plus en plus souvent amenés à procéder à de véritables détournements de sens des statistiques qu'ils utilisent. Ils confirment alors de façon très inopportune la détestable maxime : « La raison d'être des statistiques, c'est de vous donner raison. » Plus le sujet est politiquement sensible, plus la tentation de procéder à ces détournements de sens et autres interprétations abusives est grande. La publication des « chiffres de la délinquance » fournit ainsi régulièrement l'occasion de manipulations à des politiques pour qui le thème de la sécurité constitue un véritable fonds de commerce. Confondant les statistiques relatives à l'activité de la police et de la gendarmerie avec une mesure du niveau effectif de la délinquance que seules les enquêtes en population générale (comme les enquêtes de victimation) peuvent fournir, ils n'hésitent pas à prétendre que la délinquance « explosait » avant 2002 ou qu'elle baisse de façon miraculeuse depuis cette date, sans que cela ait de rapport avec la réalité vécue par nos concitoyens. Et ces détournements de sens sont d'autant plus pernicieux qu'ils s'appuient, exploitent et renforcent les *a priori*, les préjugés et les peurs d'une partie de l'opinion publique.

Des chiffres de plus en plus présents dans la vie institutionnelle

Nos inquiétudes sur cette tentation croissante du truquage statistique sont d'autant plus fortes que la place des chiffres dans l'évaluation des politiques publiques s'est fortement accrue depuis le début des années 1970. La méthode dite de « rationalisation des choix budgétaires » (RCB), inspirée du *Planning*

Programming Budgeting System (PPBS) américain, a en effet impulsé un mouvement qui n'a cessé de se développer depuis cette date. La RCB visait à valoriser financièrement toutes les conséquences des choix à effectuer dans le cadre de l'action publique. Ainsi, par exemple, pour l'aménagement d'un carrefour, l'objectif était de comparer le coût de cette réalisation non seulement avec les conséquences humaines (d'où un « prix de la vie » !) et matérielles des accidents que l'aménagement était censé éviter, mais également avec le temps économisé par les automobilistes et les forces de police du fait de la réduction des embouteillages, avec la réduction de la consommation de carburants, etc. La complexité de la méthode et l'existence d'effets externes non quantifiables ont rapidement conduit à son abandon mais le pli était pris.

Les outils mis en place dans le cadre de la loi organique relative aux lois de finances (LOLF) adoptée le 1er août 2001, et dont l'objectif affiché est de faire passer la gestion publique d'une culture de moyens à une culture de résultats, ne peuvent que renforcer cette tendance. Si l'on ne peut contester le bien-fondé d'une démarche visant à rationaliser l'action publique et à rechercher une meilleure adéquation entre objectifs et moyens, le risque de dérive lié à une place excessive du quantitatif dans l'évaluation est, dans le cas de la LOLF, clairement identifié : ne risque-t-elle pas de se révéler comme un simple instrument de justification de la réduction du nombre de fonctionnaires tant il est difficile de mesurer l'ensemble des effets directs et indirects, positifs et négatifs, d'une politique publique ? La volonté exprimée par Nicolas Sarkozy de faire noter les ministres par un cabinet d'audit privé montre à quel point cet attrait pour une évaluation exclusivement quantitative peut devenir un véritable danger pour la démocratie. L'action politique est par essence multidimensionnelle et son évaluation ne peut exclusivement reposer sur des indicateurs quantitatifs. Elle appelle le débat contradictoire. Seule la volonté de manipuler l'opinion avec le concours actif ou passif des médias explique cette appétence nouvelle de nos gouvernants pour le chiffre qui expliquerait et synthétiserait tout.

Entendons-nous bien : le décalage entre les objectifs des statisticiens (mesurer les pratiques sociales) et ceux des hommes politiques (justifier leurs orientations) n'est pas en soi un problème. Le problème survient dès lors que les seconds confondent les deux et cherchent à faire des statistiques la mesure et surtout la preuve de l'efficacité de leur action. C'est là que surgit la tentation de manipuler, de « bricoler » ou de « truquer » les données.

Ce que le lecteur trouvera dans ce livre

Les sept contributions réunies dans cet ouvrage visent à mettre en évidence les différentes manipulations statistiques qui ont accompagné ou accompagnent encore les politiques publiques ainsi que les stratégies de communication qui les accompagnent.

1. « Je serai le président du pouvoir d'achat », avait proclamé *urbi et orbi* Nicolas Sarkozy pendant la campagne présidentielle. Mais, à part des déclarations fracassantes, on peut se demander ce qu'il aurait bien pu mettre derrière un tel slogan (avant même que la crise internationale ne le rende de toute façon totalement caduc). Dans cette optique, c'est l'origine des décalages entre la perception de l'évolution de leur pouvoir d'achat qu'ont les Français et les informations délivrées au travers des différents indicateurs disponibles sur le sujet que nous analysons. La tendance gouvernementale à focaliser l'analyse sur les différentes mesures de la hausse des prix depuis le passage à l'euro en 2002 est mise en évidence. Pourtant, les questions relatives à la dynamique des revenus dans une période d'intense ralentissement économique apparaissent au moins aussi importantes. Dans un contexte de « croissance molle », on a assisté depuis trente ans à un fort accroissement des inégalités au détriment des revenus du travail. Cet accroissement des inégalités et la concentration des difficultés (sous-emploi, précarité des revenus, instabilité conjugale) sur certaines catégories de population posent le problème de l'utilisation de moyennes pour appréhender la réalité de la vie quotidienne de nos concitoyens.

2. « Ramener le taux de chômage à 5 % en 2012. » Crise oblige, cet objectif de début de septennat est, lui aussi, probablement devenu totalement caduc.

Pourtant, très confiants sur l'impact des évolutions démographiques sur le taux de chômage, les deux derniers gouvernements semblaient avoir définitivement abandonné la modestie obligée de leurs prédécesseurs (« En matière de lutte contre le chômage, on a tout essayé »). Mais, prudence étant mère de sûreté, ces gouvernements auraient bien aimé s'assurer que les statistiques transcrivent les évolutions espérées. Ainsi, nous rappelons les manipulations et l'instrumentalisation au service de la communication gouvernementale dont les statistiques du marché du travail ont fait l'objet à partir de la nomination de Dominique de Villepin comme Premier ministre. Nous montrons notamment pourquoi la baisse du nombre de demandeurs d'emploi inscrits à l'ANPE (aujourd'hui appelée « Pôle emploi ») – qui fait souvent figure de statistique officielle du chômage – était fictive puisque largement induite par des changements dans la façon dont l'ANPE compte et suit les demandeurs d'emploi. Nous explicitons comment le gouvernement d'alors a su habilement tirer parti de l'articulation du décompte ANPE et des données issues de l'enquête Emploi pour afficher les « bons résultats » de la politique gouvernementale de l'emploi.

3. « Travailler plus pour gagner plus » : ce mot d'ordre de Nicolas Sarkozy s'est rapidement imposé comme le pivot tant de sa campagne que de son action dans les premiers mois de son mandat. Cependant, il a semblé bien difficile de déterminer les mesures concrètes

pour donner corps à ce propos. L'exonération des charges sociales et la défiscalisation des heures supplémentaires en sont alors devenues le dispositif emblématique. Dans la contribution relative à cette mesure, nous montrons comment le gouvernement a avancé des chiffres très contestables pour valoriser son action et afficher un « succès » des heures supplémentaires pourtant fictif.

4. S'inspirant de l'expérience britannique du milieu des années 1990, le gouvernement nommé en mai 2007 a cru devoir placer la lutte contre la pauvreté dans une perspective de long terme déclinée autour d'objectifs quantitatifs très ambitieux. Dans la contribution consacrée à ce thème, nous montrons comment le gouvernement est résolu à tout mettre en œuvre pour tenir son objectif affiché de « réduire d'un tiers la pauvreté d'ici 2012 », y compris et surtout en changeant l'indicateur statistique ! Tout en rappelant la multiplicité des définitions possibles de la pauvreté et la grande variété des indicateurs utilisables, nous soulignons qu'une mesure traditionnelle de la pauvreté monétaire à partir de l'indicateur proposé par l'Union européenne est aujourd'hui la norme. Dès lors, on peut s'interroger sur les motivations de la décision du gouvernement de s'affranchir de cette mesure. Aussi, après avoir montré le caractère un peu irréaliste de l'objectif affiché en matière de réduction de la pauvreté au regard de l'expérience du passé, nous décortiquons la façon dont ce changement du thermomètre statistique devrait néanmoins permettre au

gouvernement d'atteindre son objectif. Prolongeant l'analyse, nous montrons aussi que l'adoption soudaine de ce nouvel indicateur change en fait radicalement le mode d'observation de la pauvreté. L'exposé est enfin complété par une présentation des multiples incertitudes qui entourent la mise en œuvre du revenu de solidarité active (RSA) et de l'évaluation de ses effets.

5. « Il faut réformer le système éducatif ! » Dans les domaines où le débat ne demande qu'à éclore, l'embargo sur la production statistique se révèle un ultime moyen de la manipulation de l'opinion. Dans la contribution sur les questions d'éducation, nous nous insurgeons ainsi contre le verrouillage des publications et la rétention des données au sein du ministère de l'Éducation nationale depuis 2007. En effet, la qualité et la fiabilité de l'information statistique sur le système éducatif se sont nettement améliorées depuis quelques années. Mais cette information a été véritablement mise sous le boisseau parce qu'elle risquait de « parasiter » la communication gouvernementale dans ce domaine politiquement très sensible où plusieurs projets de réforme sont conduits à la hussarde. Nous montrons comment, en ne retenant que les données qui leur conviennent et en organisant un véritable *black-out* sur d'autres, le président et son gouvernement parviennent à se prévaloir de justifications « techniques, chiffrées et incontestables » afin de promouvoir « les indispensables réformes dont le pays a besoin ».

6. « En finir avec l'immigration clandestine. » Depuis que Nicolas Sarkozy a occupé le fauteuil de ministre de l'Intérieur en 2002, la maladie des indicateurs et des objectifs chiffrés a également atteint le domaine de l'immigration. Nous analysons ainsi la façon dont le gouvernement communique sur des résultats apparemment conformes aux objectifs affichés en jouant sur les subtilités sémantiques – « expulsions », « reconduites à la frontière », « éloignements » – et les différences de définition des indicateurs, et en entretenant d'habiles confusions autour de ces indicateurs. Nous soulignons par ailleurs que la création d'un ministère de l'Immigration, de l'Intégration, de l'Identité nationale et du Développement solidaire s'est accompagnée d'une réorganisation des statistiques qui n'est pas encore achevée. Ainsi, face aux nombreux chiffres qui circulent, l'honnête citoyen n'a plus accès aux données de base qui lui permettraient de se faire une opinion. Nous soulignons enfin que, dans ce domaine encore plus que dans d'autres peut-être, l'outillage statistique reste très largement dépendant des données administratives, données qui varient en fonction des très nombreuses inflexions législatives enregistrées depuis quelques années. De sorte que le gouvernement peut communiquer à son aise sur des données soit inexistantes, soit modifiées en permanence par son action.

7. « Faire baisser la délinquance. » Dans la contribution sur la délinquance, une question cruciale

est posée : peut-on réellement mesurer l'ordre ? Remarquant que la sécurité est une préoccupation importante des Français et un sujet de prédilection des médias, nous contestons fortement l'idée qu'on puisse aujourd'hui la mesurer par le biais des « chiffres de la délinquance », comme il est pourtant courant de le faire. Nous soulignons d'abord les contradictions dans la démarche du gouvernement qui, d'une part, tente de rassurer l'opinion en affichant une baisse de la délinquance et, d'autre part, s'efforce d'entretenir la préoccupation sécuritaire en désignant de nouvelles cibles de la délinquance (les mineurs, les malades mentaux, les bandes...). Analysant les réalités statistiques qui se cachent derrière la « baisse de la délinquance » officiellement observée depuis 2002 et la « hausse de la performance policière », nous montrons comment le gouvernement peut, au prix d'une reprise en main autoritaire de la production des données administratives, atteindre miraculeusement en fin d'année les objectifs qu'il s'est fixés et qu'il a affichés en début d'année...

1

Pouvoir d'achat : le grand camouflage

La question du pouvoir d'achat a dominé la campagne présidentielle de 2007. Chacun a encore en mémoire les promesses de Nicolas Sarkozy affirmant avec détermination qu'il serait le « président du pouvoir d'achat ». On retiendra au moins de cette promesse de campagne l'aveu que les ménages rencontrent des difficultés croissantes pour joindre les deux bouts. L'arrivée au pouvoir de Nicolas Sarkozy ne semble pas avoir bouleversé la donne. En tout cas, certainement pas dans l'opinion des ménages. La proportion de personnes qui déclarent que leur pouvoir d'achat s'est érodé dans l'année écoulée n'a cessé d'augmenter : 59 % en janvier 2007, 65 % en novembre 2007 et jusqu'à 81 % en février 2008 [1]. Pour le moment, il n'a pas été apporté de

1 Sondage réalisé par l'Ifop et publié dans *L'Humanité* du 27 février 2008.

réponse satisfaisante sur ce sujet. Et, avec l'éclatement de la crise financière et ses conséquences prévisibles sur le niveau de vie des Français, la question du pouvoir d'achat risque bien de rester encore « un certain temps » à l'ordre du jour.

Pour y apporter des éléments de réponse, il est nécessaire non seulement de s'entendre sur le constat, mais aussi d'identifier les racines du problème, les deux questions étant très largement liées. C'est à propos de ce diagnostic, de son élaboration et de sa présentation dans le débat public que l'on peut parler d'un débat embrouillé, sinon manipulé. Les statistiques officielles ont largement contribué à ce camouflage et ce phénomène n'est pas récent.

Contrairement à ce que l'on peut observer dans d'autres chapitres de ce livre, il est difficile de mettre en évidence une volonté ou une pression du pouvoir politique pour embellir, en quelque sorte, les indicateurs statistiques de pouvoir d'achat. La raison en est simple : cette pression n'est pas nécessaire. Ces indicateurs sont devenus de plus en plus obsolètes et ils modèlent un paysage statistique de plus en plus embrouillé qui ne rend pas compte de certaines transformations majeures de la distribution des revenus depuis trente ans. Dans ce chapitre, on revient de façon plus précise sur plusieurs des facteurs qui ont contribué à cet embrouillamini.

Premièrement, la question du pouvoir d'achat s'est focalisée sur celle de l'inflation et de sa mesure. La controverse lancée en 2004 par Michel-Édouard Leclerc y a largement contribué et cette question a été attisée par le passage à l'euro début 2002. L'évolution des prix est, sans aucun doute, un des déterminants importants de l'évolution du pouvoir d'achat. Mais on ne peut oublier que ce dernier dépend aussi, de façon non moins déterminante, de l'évolution des revenus.

Or, c'est le second point, la question de l'évolution des revenus et de leur distribution a été largement escamotée dans le débat sur le pouvoir d'achat. Au mieux, elle s'est limitée à des indicateurs macroéconomiques agrégeant la masse des ménages ou retraçant l'évolution du pouvoir d'achat d'un hypothétique ménage moyen. Ce faisant, la croissance incontestable – mais non mesurée – des inégalités a été occultée du débat.

Enfin, la question du pouvoir d'achat ne peut se limiter à celle de son évolution. Un cadre (très) supérieur qui gagne 5 000 euros par mois et dont le salaire baisse de 300 euros perd incontestablement du pouvoir d'achat. Selon toute vraisemblance, cela affectera son épargne et non sa consommation. On peut parler d'une (légère) difficulté mais non d'un « problème » de pouvoir d'achat. En revanche, une employée ou un ouvrier qui voient leur salaire amputé d'un montant équivalent, par exemple en raison d'un chômage technique imprévu, risquent de connaître de redoutables difficultés financières. Dans le premier cas, celui du cadre, la baisse du pouvoir d'achat touche le superflu alors que, dans le second, pour les ménages modestes, elle frappe le nécessaire.

Autrement dit, pour apprécier à leur juste mesure les problèmes que rencontrent les ménages pour faire face aux nécessités de la vie quotidienne, pour interpréter les évolutions de leur pouvoir d'achat, il faut disposer de repères sur le niveau de vie de ces ménages. Dans des situations limites ou critiques, la sensibilité à des variations – même faibles – du pouvoir d'achat peut être exacerbée. Cette question a totalement été passée sous silence dans le débat public, sans doute en partie faute d'indicateurs pertinents. Elle n'en demeure pas moins essentielle. Réduire la question du pouvoir d'achat à sa dimension conjoncturelle serait probablement une erreur. Il y a aussi, et surtout, une dimension structurelle que révèle au grand jour la crise financière actuelle, comme on essaiera de le montrer dans la dernière partie de ce chapitre.

Le chiffon rouge des prix

La polémique a été lancée en février 2004 par Michel-Édouard Leclerc, le coprésident de l'enseigne de grande distribution éponyme. À travers une campagne publicitaire de grande envergure, celui-ci avait contesté le diagnostic de l'Institut national de la statistique et des études économiques (Insee) sur l'évolution du pouvoir d'achat des ménages en 2003.

On ne va pas reprendre ici la chronique détaillée de la polémique de 2004 mais il est intéressant d'en rappeler quelques faits. Nicolas Sarkozy, alors ministre de l'Économie, des Finances et de l'Industrie (de mars à novembre 2004) y a pris une part active en dénonçant à l'époque les hausses de prix dans la grande distribution. En agitant ce chiffon rouge, l'actuel président a contribué à focaliser le débat sur cette question. Une fois élu, il a poursuivi dans la même veine en accusant cette fois l'Insee de calculer de mauvais indices. À l'université d'été du Medef, Nicolas Sarkozy déclarait ainsi le 30 août 2007 : « Expliquer qu'il n'y a pas de problème de pouvoir d'achat en France, c'est se moquer du monde. Expliquer que l'euro n'a pas fait monter les prix, c'est se moquer du monde. Je ne veux plus qu'on se moque des Français avec des indices des prix qui ne veulent rien dire, qui ne mesurent pas le coût de la vie, qui n'ont aucun rapport avec la réalité vécue par les ménages. »

Comme souvent, Nicolas Sarkozy pratique l'amalgame et le sous-entendu. Il laisse aussi entendre, *in fine*, que le système statistique fait mal son boulot. Faut-il brûler l'indice des prix à la consommation (IPC) établi par l'Insee ? La réponse est clairement non. En revanche, il faut être conscient que, comme tout indicateur statistique, c'est l'usage que l'on fait de cet indice dans le débat public qui peut être plus ou moins pertinent en fonction des questions que l'on se pose. L'IPC a donc des limites.

Dans la polémique de 2004, l'Insee avait d'ailleurs très vite admis un décalage entre l'inflation mesurée par l'indice des prix à la consommation et celle ressentie par les ménages à travers les enquêtes d'opinion. Son directeur général de l'époque, Jean-Michel Charpin, avait même reconnu que ce décalage était « historiquement élevé » et que c'était un phénomène « jamais vu depuis 1988 [2] ». Les travaux effectués par l'institut par la suite ont montré que ce décalage provenait probablement du fait que les variations de prix étaient de moins en moins homogènes entre catégories de ménages, que ce soit selon leur niveau de revenu, leur catégorie sociale, leur lieu d'habitation, etc.

Par construction, l'indice des prix à la consommation est un indicateur macroéconomique qui mesure l'inflation moyenne. Il n'est donc pas nécessairement représentatif de la hausse des prix pour des catégories particulières de ménages. L'exemple le plus fréquemment cité est celui des loyers, dont le coût pèse pour un peu plus de 6 % dans l'IPC alors qu'il absorbe environ 20 % du revenu des ménages locataires. Lorsque les loyers augmentent rapidement, comme cela a été le cas ces dernières années, les ménages locataires ressentent davantage une hausse des prix. Un indice unique comme l'IPC ne permet pas de rendre compte de ces phénomènes.

Plus généralement, compte tenu de la méthode de construction de l'indice des prix calculé par l'Insee, chaque ménage y est pris en compte à proportion de sa consommation. Ce qui conduit à une surreprésentation des ménages aisés qui consomment davantage que la moyenne.

---

2 *Les Échos*, 18 février 2004.

Comme le montre le tableau suivant, cet effet permet sans doute d'expliquer une bonne partie du décalage entre l'inflation moyenne mesurée par l'Insee et l'inflation ressentie par les ménages. Ce tableau donne les variations de prix en glissement, c'est-à-dire de date à date, sur deux périodes de cinq ans, en prenant comme césure la date du passage à l'euro (1er janvier 2002). Les deux premières colonnes donnent la variation de l'indice des prix pour différentes catégories de ménages sur chacune des deux périodes. Les deux colonnes suivantes indiquent, pour chaque catégorie, l'écart à l'indice d'ensemble, tous ménages confondus.

On constate que les variations de prix sont de moins en moins homogènes depuis 2002. Les ménages aux revenus les plus modestes (deux premiers déciles) ont connu une hausse des prix supérieure d'environ 1 % à la moyenne, tandis que pour les ménages aux plus hauts revenus l'inflation a été inférieure à la moyenne (– 0,7 %). Soit un écart entre ces deux catégories supérieur à l'inflation enregistrée au cours de l'année 2006 (1,5 % de décembre 2005 à décembre 2006). Avant 2002, des différences existaient déjà, mais elles étaient d'une ampleur bien plus faible. Ce phénomène, qui s'était estompé en 2006 avec le ralentissement de l'inflation, a repris de la vigueur en 2007, où les prix ont augmenté en moyenne de 2,6 %. Mais cette hausse a été de 2,8 % pour les plus bas revenus et de 2,3 % pour les plus hauts.

Le second enseignement que délivrent ces chiffres porte sur la nette accélération de l'inflation qui a suivi le

Variation des prix selon le niveau de revenu et la catégorie socioprofessionnelle

	Variation des prix en glissement		Écart à la moyenne	
	Déc. 1996 à déc. 2001	Déc. 2001 à déc. 2006	Déc. 1996 à déc. 2001	Déc. 2001 à déc. 2006
Niveau de revenu				
décile 1 (plus bas revenus)	5,7	10,8	0,1	0,9
décile 2	5,8	11,0	0,2	1,1
décile 3	5,9	10,7	0,2	0,7
décile 4	6,0	10,5	0,3	0,6
décile 5	5,5	10,2	−0,2	0,2
décile 6	5,8	10,0	0,1	0,0
décile 7	5,7	9,8	0,0	−0,1
décile 8	5,8	9,9	0,1	−0,1
décile 9	5,6	9,6	−0,1	−0,4
décile 10 (plus hauts revenus)	5,5	9,2	−0,2	−0,7
Catégories socioprofessionnelles				
Agriculteur	5,5	10,6	−0,2	0,7
Artisan, commerçant, chef d'entreprise	5,9	10,1	0,2	0,1
Cadre	5,6	9,4	−0,1	−0,6
Profession intermédiaire	5,5	9,6	−0,2	−0,3
Employé	5,8	10,2	0,1	0,3
Ouvrier	5,9	10,5	0,2	0,5
IPC (indice d'ensemble)	5,7	10,0	0	0

Source : Insee.

passage à l'euro : de décembre 2001 à décembre 2006, la hausse des prix a été bien supérieure à celle enregistrée au cours des cinq années précédentes (10,0 % contre 5,7 %).

On peut retenir des remarques précédentes deux constats. Premièrement, il y a bien eu après 2002 une nette accélération de l'inflation : les ménages n'ont pas été victimes d'une illusion d'optique. Deuxièmement, cette accélération a été plus forte que la moyenne pour la moitié des ménages aux plus bas revenus qui – n'hésitons pas à formuler cette lapalissade – pèsent autant dans les sondages que les autres ménages. La contradiction apparente entre l'inflation moyenne mesurée par l'Insee et la perception des ménages concernant la hausse des prix n'est donc pas aussi forte que certains ont bien voulu le dire ou le faire croire. Reste la question des revenus. Les ménages modestes ont vu les leurs davantage rabotés par l'inflation que la moyenne depuis 2002. Mais que s'est-il passé de ce côté ? Sur cette question, le brouillard devient encore plus épais.

L'escamotage des inégalités

La polémique lancée en 2004 par le dirigeant des centres Leclerc n'a pas seulement porté sur la mesure de l'inflation. Un débat s'est aussi installé sur l'indicateur pertinent pour mesurer les revenus des ménages, l'autre dimension essentielle du pouvoir d'achat. L'indicateur de revenu utilisé dans la campagne de communication par le géant de la distribution était le revenu moyen par ménage, tandis que l'Insee a pris l'habitude de « communiquer » sur le revenu total de l'ensemble des ménages, c'est-à-dire la masse des revenus perçus. Disons-le d'emblée : aucun de ces deux indicateurs n'est véritablement pertinent, du moins si l'on veut expliquer l'opinion des ménages sur leur situation financière. Cette fausse polémique n'a servi qu'à nourrir la diversion.

Car, de la même façon que l'on observe un décalage dans le niveau de l'inflation entre hauts et bas revenus, la répartition des revenus peut aussi s'infléchir dans un sens comme dans un autre. Si la hausse des revenus bénéficie principalement aux plus hauts revenus et que les ménages les plus modestes n'en voient guère la couleur, il serait logique de constater dans l'opinion un « problème » de pouvoir d'achat. Autrement dit, l'évolution des inégalités représente une dimension essentielle du débat sur le pouvoir d'achat.

Depuis l'éclatement de la crise financière, c'est presque devenu un lieu commun pour les analystes économiques de présenter la montée des inégalités comme un des ressorts majeurs qui ont conduit à la situation actuelle[3]. On ne s'attardera pas sur le fait que ce diagnostic, aujourd'hui largement partagé, a été pendant des années contesté par la pensée économique dominante. Ce qui reste surprenant, c'est qu'on n'en trouve

---

3 Michel Aglietta, « La crise d'un modèle de croissance inégalitaire », *Alternatives économiques*, n° 274, novembre 2008.

guère de trace dans les publications du système statistique public depuis plus d'une quinzaine d'années...

Feu le Centre d'étude des revenus et des coûts (CERC) avait publié à la fin des années 1980 un retentissant rapport qui mettait en évidence un faisceau d'indices révélateurs de cette montée des inégalités dans la seconde moitié des années 1980. Avec la suppression du CERC en 1993, les pouvoirs publics ont cassé le thermomètre et les études de l'Insee sont restées résolument myopes sur cette question jusqu'aux années les plus récentes. Dans sa dernière étude sur le sujet, l'Insee titre ainsi son chapitre sur les inégalités de niveau de vie : « Le mouvement de baisse des inégalités de niveau de vie s'essouffle [4]. » Ce qui laisse entendre que si les inégalités ne se réduisent plus, elles n'ont pas pour autant augmenté sur la période récente. En clair, selon l'institut, les inégalités de revenus sont aujourd'hui moins fortes qu'hier. Pourtant, à peu près à la même époque où l'Insee dressait ce constat, une étude basée sur des données fiscales et réalisée par un chercheur, Camille Landais, mettait en évidence une forte poussée des inégalités depuis la fin des années 1990 [5]. Il y a plusieurs explications à ce décalage.

---

4 INSEE, *France, portrait social*, édition 2007.

5 Camille LANDAIS, « Les hauts revenus en France (1998-2006) : une explosion des inégalités ? », École d'économie de Paris, 2007. Cette étude est disponible sur le lien suivant : <www.jourdan.ens.fr/~clandais/documents/htrev.pdf>

D'abord, l'Insee retient des indicateurs qui donnent une vision très réductrice des inégalités de revenus et qui ignorent ce qui se passe dans le haut de la distribution, pour les 10 % de ménages les plus riches. L'analyse des données fiscales exhaustives – pourtant accessibles à tous... et donc à l'Insee – permet de prendre une vision beaucoup plus fine des inégalités, comme dans l'étude précitée. Avec ces lunettes, l'envolée des inégalités est incontestable. Entre 1998 et 2005, les revenus des 1 % de foyers fiscaux les plus riches (soit 350 000 contribuables) ont augmenté – en pouvoir d'achat, après déduction de l'inflation – de près de 20 %. Pour les 0,01 % des foyers les plus riches, cette hausse a été plus de deux fois supérieure (42,6 %). Sur la même période, l'augmentation des revenus a été de moins de 5 % pour les 90 % de ménages aux plus bas revenus.

L'étude de Camille Landais identifie deux facteurs majeurs de cette envolée des inégalités. Premièrement, les revenus de la propriété ont augmenté bien plus vite que les autres catégories de revenus. Entre 1998 et 2005, les revenus de capitaux mobiliers ont augmenté en pouvoir d'achat de 31 %, les revenus fonciers de 16 % contre seulement 5,3 % pour les salaires. Or ces revenus du patrimoine sont très concentrés sur les plus hauts revenus qui ont été les principaux bénéficiaires de cette manne.

Ce phénomène n'était pas pris en compte, au moins jusqu'à une période très récente, par l'Insee qui n'effectuait aucune correction pour tenir compte de la très forte sous-estimation de ces revenus de la propriété dans les données fiscales. On estime ainsi qu'environ le quart seulement de ces revenus apparaissent dans les déclarations fiscales, principalement parce que ces revenus échappent très largement au droit commun de l'impôt progressif sur les revenus.

Ce problème avait été soulevé de longue date mais il n'a reçu un début de réponse que tout récemment. Et encore de façon tout à fait partielle puisque l'Insee n'a publié de données plus complètes que sur les années 2005 et 2006, sans que l'on puisse remonter dans le temps sur la période où ces revenus du patrimoine se sont envolés. Un indicateur simple permet de prendre la mesure de la dissimulation de ce phénomène majeur au cours des trente dernières années. En proportion des salaires nets perçus par les ménages, les revenus de la propriété représentaient moins de 25 % en 1978 et plus de 50 % trente ans plus tard. Dans la mesure où les indicateurs d'inégalité calculés par l'Insee jusqu'en 2005 ne prennent pas en compte cette formidable croissance des revenus du patrimoine, ils minimisent incontestablement à la fois le niveau mais aussi l'évolution des inégalités.

À cet égard, les données désormais corrigées publiées récemment par l'Insee sont éclairantes. Avec la correction apportée par l'Insee pour mieux prendre en compte les revenus du patrimoine, le niveau des inégalités augmente de plus de 15 %. L'évolution entre 2005 et 2006 fait aussi apparaître un constat significatif : plus de 40 % de la hausse globale du pouvoir d'achat a été absorbée par les 10 % de ménages les plus aisés, soit bien plus que la masse des revenus détenue par ces ménages en 2005 (24 %). À l'opposé, la moitié des ménages aux plus faibles revenus a dû se contenter d'un peu plus de 20 % du surplus de pouvoir d'achat enregistré en 2006, soit bien moins que la part de ces ménages dans le total des revenus distribués en 2005 (plus de 30 %). À l'exception des 10 % de ménages les plus riches, tous les autres ont connu une variation de pouvoir d'achat (moyenne des déciles en classe) inférieure à la moyenne. Il n'est pas étonnant, dans ces conditions, que la perception majoritaire des ménages quant à l'évolution de leur pouvoir d'achat ait continué à se dégrader.

Le second phénomène majeur que révèle l'étude de Camille Landais concerne la croissance spectaculaire des très hauts salaires. Alors que la part des salaires reçue par les 1 % de salariés les mieux rémunérés oscillait autour de 5,8 % depuis la fin des années 1970, elle a grimpé de façon continue pour atteindre 6,7 % en 2005, soit une hausse de plus de 15 %. Pour un indicateur de ce type, *a priori* relativement stable à court terme, il s'agit là d'une véritable rupture. Ce changement est, par ailleurs, cohérent avec l'envolée des rémunérations des plus hauts dirigeants [6], envolée qui a probablement eu des conséquences également sur les rémunérations des équipes qui entourent ces grands patrons.

---

6 « Les grands patrons français ont vu leur rémunération croître de 40 % en 2007 », *Le Monde*, 12 février 2008.

Là encore, on ne trouvera nulle trace de ce phénomène dans les statistiques de l'Insee. D'abord, comme on l'a déjà dit, parce que les lunettes avec lesquelles l'institut regarde ces inégalités ignorent ces très hauts salaires. Ensuite, plus généralement, parce que les statistiques de salaires sont devenues de moins en moins pertinentes et n'ont pas pris en compte les nouvelles formes d'inégalité salariale liées au développement de l'emploi précaire. Dans les deux faces du salaire (coût pour l'employeur et revenu pour le salarié), l'Insee a de plus en plus privilégié, jusqu'à l'exclusive, le premier regard par rapport au second. Rapide historique.

Depuis les années 1950, l'Insee publiait, à partir des déclarations des employeurs (les actuelles déclarations annuelles de données sociales), des statistiques de salaires et des indicateurs d'inégalités concernant les seuls salariés à temps complet. Ce biais n'était pas trop gênant tant que l'emploi à temps partiel restait faible et que la précarité de l'emploi demeurait limitée et allait même en diminuant [7]. Avec des discontinuités de plus en plus fortes dans les périodes d'emploi et la montée du temps partiel, ces statistiques sont devenues de plus en plus obsolètes pour mesurer les inégalités de salaires du point de vue des salariés.

Il a fallu attendre les années 1990 pour que l'Insee commence à produire des statistiques sur les salariés à

---

7 Bernard FOURCADE, « L'évolution des situations d'emploi particulières », *Travail et emploi*, n° 52, 1992.

« temps non complet », mais sans intégrer ces données dans la mesure des inégalités. Bien au contraire, ces statistiques se sont focalisées sur les inégalités de taux de salaire horaire, ce qui gomme une large partie des inégalités. À la fin des années 1990, des travaux prenant en compte l'ensemble des salariés (à temps complet et à temps partiel) ont mis en évidence la montée de l'emploi à bas salaire [8]. Mais l'institut n'a jamais repris ces indicateurs dans ses statistiques. Ce n'est que tout récemment, en 2006-2007, que l'Insee a élaboré un « nouveau » concept de « revenu salarial » mesurant le salaire annuel perçu, toutes durées d'emploi et de temps de travail confondues.

En matière de salaire comme en matière de revenu, on est donc en présence d'un paysage statistique mouvant, ayant accumulé les ruptures de séries statistiques, les changements de méthode et de concept, à un point tel que les statistiques sont devenues quasiment illisibles, engendrant un véritable brouillard statistique. Le débat public se repose donc sur les messages que veut bien délivrer l'institut, à savoir, par exemple, que « le mouvement de baisse des inégalités de niveau de vie s'essouffle »...

---

8 Pierre CONCIALDI et Sophie PONTHIEUX, « Les bas salaires en France : quels changements depuis quinze ans ? », *Premières synthèses*, Dares, n° 48.1, Paris, 1997.

Une paupérisation rampante et de plus en plus insoutenable

On l'a souligné précédemment : le revenu sert d'abord à consommer puis, éventuellement, à épargner. La notion de pouvoir d'achat fait essentiellement référence à cette première fonction de consommation. Et pour apprécier les difficultés des ménages sur ce point il est nécessaire de disposer de repères généraux sur le niveau de vie moyen, car les normes de consommation évoluent. Le sentiment, toujours subjectif, des personnes sur leurs difficultés de pouvoir d'achat doit prendre en compte cette dimension. Il y a là un véritable trou noir du débat social. Les quelques lueurs qu'on peut y apporter fournissent une autre clé, non moins décisive, pour comprendre l'exaspération croissante des ménages quant à leurs difficultés de vie.

Selon les statistiques fiscales utilisées par l'Insee pour mesurer les inégalités de revenus, le niveau de vie moyen était en 2005 de 1 575 euros par personne et par mois [9]. Les données corrigées par l'Insee pour tenir compte d'une partie de la sous-estimation des revenus fiscaux portent ce niveau de vie moyen à 1 674 euros. La même année, le niveau de vie moyen prenant en compte l'intégralité des revenus des ménages – à partir des données de la

9 Le niveau de vie s'obtient en divisant le revenu disponible par un nombre d'« unités de consommation » qui tient compte, pour chaque ménage, de sa taille et de sa composition.

comptabilité nationale – peut être estimé à 2 400 euros [10]. Le décalage est énorme.

Il serait absurde de prétendre que, parmi ces trois chiffres, il existe une « vérité » statistique. En revanche, il est certain que la réalité des niveaux de revenus se situe bien plus du côté des données de la comptabilité nationale que des statistiques fiscales. C'est bien pour cette raison, d'ailleurs, que les statisticiens privilégient ces données macroéconomiques dans les comparaisons internationales pour situer les pays sur l'échelle des revenus. Personne ne songerait à retenir dans ce but des données d'enquête qui souffrent de divers biais, dont l'ampleur est en outre variable selon les pays.

Autrement dit, les indicateurs de niveau de vie publiés par l'Insee sous-estiment considérablement la réalité. Il n'y a là aucune manipulation de la part des statisticiens. C'est simplement le constat que les données microéconomiques utilisées pour mesurer les inégalités ne sont pas les plus pertinentes pour mesurer le niveau de vie réel des ménages. La manipulation ne réside pas dans cette sous-estimation, sans doute en partie inévitable compte tenu des sources utilisées, mais dans l'usage que l'on peut faire de ces indicateurs dans le débat public.

Par exemple, quand on utilise ces indicateurs pour apprécier la situation réelle des Rmistes ou des smicards – dont les revenus sont supposés être connus à l'euro

---

10 Actualisé à l'année 2007, le niveau de vie moyen peut-être estimé à 2 600 euros par personne et par mois.

près –, on obtient un diagnostic qui est considérablement biaisé. Selon les indicateurs « officiels », le salaire net d'un smicard travaillant à temps complet représente environ 60 % du niveau de vie moyen. En réalité, ce pourcentage s'élève à un peu moins de 42 %. Une autre façon plus concrète de révéler l'ampleur de ce camouflage consiste à calculer quel serait le niveau du seuil de pauvreté prenant en compte l'ensemble des revenus réels. À 60 % du niveau de vie médian, on obtient pour l'année 2007 un seuil de pauvreté d'environ 1 300 euros par mois (pour une personne seule), c'est-à-dire un seuil supérieur de près de 40 % à celui qui nourrit le débat public. C'est à cette aune qu'il est pertinent de comparer les barèmes sociaux et non, comme a pu le faire l'Insee, en retenant des seuils de pauvreté calculés à partir de données d'enquête considérablement sous-estimées [11].

C'est en prenant en compte cette réalité qu'on peut sans doute mieux comprendre les difficultés croissantes des ménages concernant leur pouvoir d'achat et, parallèlement, la résurgence du débat sur les travailleurs pauvres. On a souvent tendance à assimiler la question des travailleurs pauvres à celle des bas salaires. Il est évident que le risque de pauvreté frappe davantage les salariés à bas salaire. Mais il s'agit là de deux questions distinctes, comme l'avait montré une étude publiée par l'Observatoire national de la pauvreté et de l'exclusion

11 Jean-Michel Hourriez, « Avoir un emploi et être pauvre », *France, portrait social*, Insee, 2001.

sociale [12]. La dégradation des conditions de vie des salariés réside en partie dans l'accroissement des inégalités de salaires lié au développement du temps partiel et de la précarité de l'emploi. Mais une des raisons majeures de ce phénomène – sinon la raison majeure – tient à la dévalorisation du travail salarié observée depuis plus de trente ans (*cf.* encadré pages suivantes).

En conclusion, on peut retenir que la question du pouvoir d'achat a été détournée de sa dimension majeure : celle des inégalités de revenus. Le brouillard statistique qui a enveloppé cette question depuis une vingtaine d'années a non seulement occulté la montée des inégalités mais aussi permis de passer sous silence la dégradation considérable du niveau de vie des salariés. L'œil rivé sur les évolutions conjoncturelles, on risque de passer à côté du déficit structurel de pouvoir d'achat qui a gagné depuis une trentaine d'années des couches de plus en plus larges de la population.

Cet écart provient principalement de l'envolée des revenus de la propriété qui ne bénéficient qu'à une minorité de ménages. Il tient aussi, pour partie, au développement de la précarité et des intermittences sur le marché de l'emploi, qui, pour un salaire horaire donné, réduit le revenu salarial mensuel moyen. Aujourd'hui, environ un tiers des salariés sont à temps « non complet » alors que ce pourcentage s'élevait à 18 % en 1978.

---

12 Pierre Concialdi, « Bas salaires et pauvreté : quelques éclairages croisés », Travaux de l'ONPES, 2002.

La dévalorisation masquée du travail salarié

Le travail salarié s'est fortement dévalorisé depuis trente ans. La comparaison de différents indicateurs simples permet de l'illustrer (*cf.* graphique 1). Depuis 1978, calculé en euros constants, le niveau de vie moyen a augmenté de 750 euros par personne et par mois, soit une hausse de plus de 40 %. Dans le même temps, le revenu salarial, c'est-à-dire ce que gagne en moyenne un salarié en travaillant dans l'année, a stagné. L'écart entre les deux a triplé en trente ans, passant de 350 euros par mois en 1978 à 1 100 euros en 2007.

Graphique 1. Revenus et niveau de vie en pouvoir d'achat
(par personne et par mois, en euros 2007)

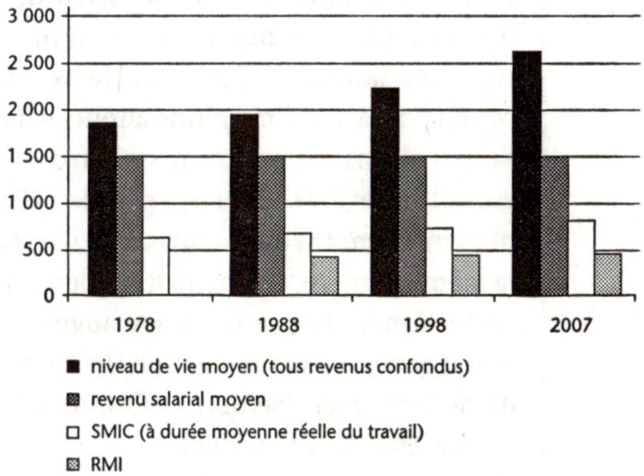

Sources : Insee, calcul des auteurs

Note : la valeur du Smic est calculée en multipliant le gain horaire net du Smic par la durée moyenne du travail par salarié.

Graphique 2. Coût horaire du salaire minimum en % de la valeur ajoutée
(par heure travaillée)

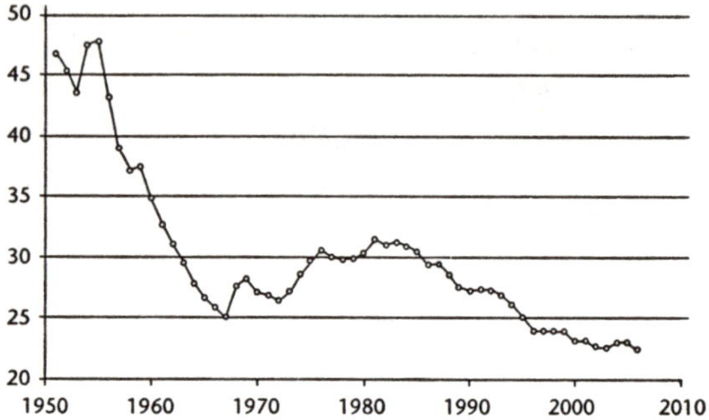

Sources : Insee, calcul des auteurs

De ce fait, le Smic, qui reste une garantie horaire de rémunération, permet de moins en moins de protéger les salariés les plus modestes. En tenant compte de la durée moyenne annuelle du travail, le salaire mensuel net d'un smicard a augmenté entre 1978 et 2007 d'un peu plus de 170 euros, soit nettement moins que le niveau de vie moyen pour la même période. Quant au RMI, dernier filet de la protection sociale, il n'a guère augmenté en pouvoir d'achat depuis sa création fin 1988. Le niveau de vie moyen représentait 5,9 RMI en 2007 alors que ce ratio était de 4,6 en 1988.

Si l'on fait abstraction de la montée de la précarité et du développement des « petits boulots », la dévalorisation du travail apparaît tout aussi considérable. La valeur relative du salaire minimum fournit un indicateur simple permettant d'en rendre compte. En 2006, une heure de travail rapportait en moyenne à un employeur 41,30 euros (dans le jargon des économistes, c'est la « valeur ajoutée » par heure travaillée). La même année, le coût horaire du Smic s'élevait à 9,33 euros, soit 22,6 % de cette valeur ajoutée horaire. C'est deux fois moins que dans les années 1950 (voir graphique 2).

2.

Les chiffres de l'emploi et du chômage : petits arrangements entre amis

Début 2005, alors qu'il va bientôt être nommé Premier ministre, Dominique de Villepin apparaît comme le favori du clan chiraquien pour la prochaine élection présidentielle. À la recherche d'un thème de campagne, il décide de faire de la baisse du chômage son principal objectif de politique économique. Il faut dire que l'arrivée progressive à l'âge de la retraite à partir de 2006 des nombreux enfants du baby-boom de l'après-Seconde Guerre mondiale va favoriser le repli du chômage, indépendamment des effets limités qu'auraient les mesures de politique économique. Avec des départs à la retraite plus nombreux et des entrées de jeunes sur le marché du travail stable, la progression du nombre de personnes actives, en emploi ou au chômage, va considérablement ralentir. Elle ne sera plus alimentée que par la hausse de l'activité féminine et les mouvements migratoires. Dans un contexte de poursuite de la croissance de la population, donc de la demande potentielle, il faudra créer beaucoup moins d'emplois qu'auparavant pour faire baisser le chômage. Comme les sondages d'opinion ont montré depuis longtemps que le chômage est un des thèmes de préoccupation majeurs des Français, le choix de Dominique de Villepin est aussi habile que judicieux.

Tactiquement, c'est aussi l'occasion de justifier des assouplissements du droit du travail réclamés depuis longtemps par le patronat, en particulier sur les règles des licenciements. Selon certains économistes libéraux, plus de facilités données aux employeurs pour licencier permettraient de recruter plus : les patrons rechigneraient moins à embaucher des personnes dont ils seraient assurés de pouvoir se débarrasser facilement. Fragiliser le contrat de travail serait favorable à l'emploi. Le rapport des économistes Pierre Cahuc et Francis Kramarz, réalisé à la demande de Nicolas Sarkozy, va dans ce sens. Largement médiatisé, il préconisait, fin 2004, la suppression des contrats à durée déterminée et la création d'un contrat de travail unique avec des modalités de licenciement assouplies par rapport au CDI. S'attaquer à la réforme du contrat de travail est pour Dominique de Villepin un moyen de couper l'herbe sous les pieds de son rival en vue de l'élection présidentielle. L'évolution favorable attendue sur le chômage pourrait être attribuée à cette réforme, d'autant plus facilement qu'il est difficile d'en mesurer l'impact réel sur l'emploi.

En mai 2005, dès sa nomination, le Premier ministre lance sa « bataille pour l'emploi » et annonce la création du contrat nouvelles embauches (CNE). Destiné aux petites entreprises, le CNE a pour principale caractéristique de permettre aux employeurs de licencier pendant une période de deux ans sans avoir à motiver leur décision. Ayant besoin de résultats rapides, Dominique de Villepin se donne cent jours pour afficher ses premiers succès sur le front de l'emploi.

Pour commencer, en quelques mois, trois des cinq principales institutions qui élaborent et publient les statistiques sur l'emploi et le chômage voient leurs directeurs brusquement remplacés par des proches du pouvoir en place, ayant tous œuvré dans des cabinets ministériels. Un nouveau directeur général est nommé à la tête de l'Agence nationale pour l'emploi (ANPE) dès avril. En juin, le chef de l'Agence centrale des organismes de sécurité sociale (Acoss) est lui aussi remplacé. À l'automne, la Direction de l'animation de la recherche, des études et des statistiques (Dares), le service statistique du ministère du Travail, hérite à son tour d'un nouveau chef. Seuls les directeurs de l'Institut national de la statistique et des études économiques (Insee) et de l'Union nationale pour l'emploi dans l'industrie et le commerce (Unédic) sauvent provisoirement leur peau, mais ont conscience d'être sur un siège éjectable.

Une fois les principaux acteurs en place, la bataille des chiffres du chômage peut commencer, marquée par des annonces fortement médiatisées de chiffres aussi favorables qu'inexacts. Avant d'en retracer le déroulement, il convient de rappeler le B-A-BA de l'élaboration des statistiques de l'emploi et du chômage en vigueur à ce moment-là.

L'élaboration des chiffres de l'emploi et du chômage jusqu'en 2007

Les statistiques de l'emploi et du chômage sont établies à partir de données d'enquêtes et de données administratives. Aucune de ces sources n'est parfaite. Les données d'enquêtes résultent de sondages. Pour des raisons de coûts, l'échantillon a une taille limitée, ce qui limite la précision et le degré de détail permis. Par exemple, les enquêtes nationales permettent rarement de disposer d'indicateurs localisés. D'autres sources de biais sont possibles, comme la façon de poser les questions, le taux de réponse, la méthode utilisée pour corriger des non-réponses (les personnes difficiles à joindre sont rarement dans la même situation que celles qui ont répondu), etc.

A contrario, les données administratives, exhaustives, permettent de publier des indicateurs détaillés, au niveau géographique ou par secteur d'activité. Construites à partir de données de gestion, elles ne permettent toutefois pas de mesurer exactement ce que l'on souhaite, à la différence d'un questionnaire d'enquête. Par exemple, un demandeur d'emploi inscrit à l'ANPE [1] n'est pas forcément

1 Depuis octobre 2008, les services de l'ANPE et des Assedic ont fusionné au sein d'une nouvelle structure baptisée « Pôle emploi ».

un « chômeur » selon les définitions internationalement admises. Les données administratives sont également très sensibles aux changements de méthode de gestion ou aux modifications institutionnelles.

Emploi : une synthèse de données administratives. Les estimations d'emploi portent sur le nombre de personnes en emploi et non sur le nombre de postes de travail des entreprises, une personne en emploi pouvant occuper plusieurs postes de travail.

Les estimations de l'emploi total, salarié et non salarié, sont publiées une fois par an, par l'Insee, en fin d'année pour l'année précédente. Ces estimations s'appuient sur le dernier recensement de population disponible, seule source couvrant l'ensemble des personnes en emploi. Pour les actualiser, des indices d'évolution sont calculés pour chacun des différents secteurs d'activité en faisant la synthèse de multiples sources administratives.

L'emploi salarié est estimé plus fréquemment, à chaque fin de trimestre, pour l'ensemble des secteurs, à l'exception de l'administration publique, des activités associatives, de l'éducation, de la santé et de l'action sociale. Là encore, des indices d'évolution sont calculés à partir de sources administratives, puis appliqués aux niveaux d'emploi des estimations annuelles de l'emploi les plus récentes.

Une première estimation provisoire de l'évolution du dernier trimestre est publiée quarante-cinq jours après la fin de ce trimestre. Cette estimation se fonde sur l'enquête Acemo (activité et conditions d'emploi de la main-d'œuvre), réalisée auprès des entreprises comptant au moins dix salariés. Une modélisation, estimée sur le passé, permet d'étendre ensuite les résultats de l'enquête à toutes les entreprises, quelle que soit leur taille. Un mois plus tard, cette première estimation est révisée en utilisant les données de l'Acoss, qui centralise les déclarations des employeurs pour le paiement des cotisations sociales, quelle que soit la taille de l'entreprise, et de l'Unédic, qui fait de même pour les cotisations chômage.

Les estimations d'emploi permettent de suivre l'évolution du nombre de personnes en emploi mais ne disent rien sur les embauches et les ruptures de contrat. À la suite de la mise en place du CNE, l'Acoss a commencé à publier chaque mois des statistiques sur les embauches, plus exactement, sur les intentions d'embauches, déclarées par les employeurs aux Unions de recouvrement des cotisations de sécurité sociale et d'allocations familiales (Urssaf). Certaines ne se concrétisent pas. Pour mettre en place un suivi immédiat du CNE et permettre au gouvernement de communiquer rapidement, l'Acoss s'est appuyée sur les déclarations faites par Internet pour repérer la part des CNE dans les embauches. Elle a fait ensuite l'hypothèse que le recours au CNE était indépendant du mode de déclaration.

Taux de chômage mensuel : une estimation provisoire fondée sur les chiffres de l'ANPE. Les statistiques sur le chômage s'articulent sur trois types de données : une mesure annuelle du nombre de chômeurs conforme aux critères internationaux ; les statistiques mensuelles sur les demandeurs d'emploi inscrits à l'ANPE, à la une des médias chaque fin de mois ; une estimation mensuelle provisoire du taux de chômage, s'appuyant fortement sur les statistiques de l'ANPE.

Pour mesurer le chômage, les statisticiens s'appuient habituellement sur une définition harmonisée au niveau international par le Bureau international du travail (BIT), afin d'assurer la comparabilité dans le temps et dans l'espace. Un « chômeur » est une personne déclarant ne pas avoir exercé d'emploi rémunéré au cours de la semaine précédant l'enquête, ne serait-ce qu'une heure, recherchant un travail et disponible pour travailler dans les quinze jours. L'harmonisation du concept n'empêche pas des différences dans sa mise en œuvre. Par exemple, la recherche d'un travail est appréhendée à partir d'une liste de démarches dont au moins une doit avoir été effectuée dans les quatre dernières semaines. Dans le cas français, le fait de renouveler son inscription à l'ANPE n'est pas considéré comme une démarche de recherche d'emploi par l'office européen de statistiques (Eurostat) alors qu'elle l'était par l'Insee jusqu'en 2007.

Seul un questionnement détaillé auprès des personnes permet de vérifier le respect des différents critères du BIT. Seules des enquêtes permettent donc de mesurer le chômage. En France, c'est l'enquête Emploi qui joue ce rôle. Depuis 2002, cette enquête, auparavant réalisée en mars, se déroule tout au long de l'année.

L'enquête Emploi permet de mesurer le nombre de chômeurs. Les estimations d'emploi présentées plus haut donnent le nombre de personnes en emploi. Le taux de chômage peut être alors calculé facilement : c'est le rapport du nombre de chômeurs à la population active, celle-ci rassemblant l'ensemble des personnes présentes sur le marché du travail, qu'elles soient en emploi ou au chômage. Si l'enquête Emploi fournit la mesure la plus robuste du chômage, elle doit faire face à un double handicap médiatique : ses résultats ne sont publiés qu'une fois par an et seulement en mars de l'année suivante.

De ce point de vue, les statistiques administratives de l'ANPE sont favorisées : elles sont rapidement disponibles. Exhaustives, elles peuvent être déclinées à tous les échelons géographiques. Mais l'ANPE ne comptabilise pas des chômeurs. Elle compte des personnes inscrites dans ses fichiers : des « demandeurs d'emploi (comptabilisés) en fin de mois », ou « DEFM ». Ces personnes ne sont pas toutes au chômage au sens du BIT. Ainsi, certains demandeurs d'emploi peuvent exercer des petits boulots tout en restant inscrits à l'ANPE, voire indemnisés. Cette « activité réduite », pour reprendre la terminologie administrative, concerne un tiers des demandeurs d'emploi. *A contrario*, certains chômeurs ne

Les différentes catégories de demandeurs d'emploi

Type d'emploi recherché	Activité réduite de 0 à 78 heures	Activité réduite de plus de 78 heures
Emploi à durée indéterminée à temps plein	Catégorie 1	Catégorie 6
Emploi à durée indéterminée à temps partiel	Catégorie 2	Catégorie 7
Emploi à durée déterminée, saisonnier ou temporaire	Catégorie 3	Catégorie 8
Autres catégories de demandeurs d'emploi		
Catégorie 4	Demandeurs d'emploi en maladie, stage ou formation.	
Catégorie 5	Demandeurs d'emploi occupant un emploi	

s'inscrivent pas à l'ANPE, parce qu'ils se sentent autonomes dans leur recherche d'emploi ou vivent une inscription comme une contrainte. En 2005, parmi les 2,7 millions de chômeurs au sens du BIT, 0,5 million déclaraient ne pas être inscrits à l'ANPE. À l'inverse, 1,7 million déclaraient être inscrits à l'ANPE mais n'étaient pas comptabilisés comme chômeurs au sens du BIT.

Les DEFM de France métropolitaine sont répartis en six catégories principales selon le type d'emploi qu'ils recherchent et l'activité réduite exercée au cours du mois. S'y ajoutent deux catégories particulières : les personnes indisponibles temporairement en raison d'une formation ou d'une maladie (catégorie 4) et celles en emploi lors de leur inscription à l'ANPE (catégorie 5).

Toutes les fins de mois, c'est seulement sur la « catégorie 1 » que se focalisent les médias et le débat, héritage d'une époque lointaine où l'emploi à durée indéterminée à temps plein était la norme. La précarisation du marché du travail, le développement des incitations au temps partiel et à la reprise de contrats courts n'ont pas remis en cause la catégorie de référence des « statistiques du marché du travail », faussant la perception des réalités. Si l'on tient compte des demandeurs d'emploi des départements d'outre-mer (DOM) et des travailleurs âgés dispensés de recherche d'emploi, qui ne sont pas comptabilisés parmi les DEFM, la « catégorie 1 », statistique officielle mise en avant chaque mois par le ministère du Travail, recense moins d'un demandeur d'emploi sur deux.

À côté des statistiques de l'ANPE, un taux de chômage est estimé mensuellement et publié par la Dares et l'ANPE en même temps que les statistiques de demandeurs d'emploi. Il se veut conforme aux concepts du BIT. En pratique, le nombre de chômeurs utilisé correspond au dernier résultat disponible de l'enquête Emploi, actualisé d'un mois sur l'autre en faisant l'hypothèse que le nombre de chômeurs évolue comme le nombre de demandeurs d'emploi inscrits à l'ANPE n'ayant exercé aucune activité réduite. Si des changements des modes de gestion des inscrits à l'ANPE viennent perturber cette relation, cette estimation peut conduire à une évolution factice du nombre de chômeurs et donc du taux de chômage. Ainsi, restreindre les droits à l'indemnisation chômage ou augmenter les menaces de sanctions peut déplacer légèrement le curseur entre ceux qui s'inscrivent et ceux qui renoncent à le faire. Mais déplacer « légèrement » un curseur qui porte sur des millions de personnes peut vite se chiffrer en dizaines de milliers de personnes et il suffit de 20 000 à 30 000 personnes pour faire varier l'estimation du taux de chômage de 0,1 point.

Une fois par an, en mars, lorsque sont connus les derniers résultats annuels de l'enquête Emploi, ces estimations provisoires sont corrigées, opération appelée « recalage ». En d'autres termes, en mars 2006, le nombre de chômeurs et le taux de chômage étaient connus de façon définitive pour l'année 2005. Ensuite, jusqu'à la publication des résultats de l'enquête Emploi de 2006, prévue pour mars 2007, les taux de chômage mensuels publiés restaient provisoires. Pendant vingt ans, de 1986 à 2006, le recalage a été réalisé chaque année sans exception, son ampleur pouvant aller jusqu'à plus ou moins 0,5 point.

La baisse miraculeuse du chômage

Au printemps 2005, lorsque Christian Charpy prend ses fonctions de directeur général de l'ANPE, la situation du marché du travail est mauvaise depuis de longs mois. Le taux de chômage dépasse les 10 %. En cette veille du référendum sur la Constitution européenne, alors que le gouvernement Raffarin vit ses dernières heures et que Dominique de Villepin est annoncé à Matignon, aucun économiste ne s'attend à une amélioration rapide du marché du travail.

Mais le vendredi 27 mai, à deux jours du référendum, *Le Parisien*, sous la plume de Jean-Marc Plantade, bénéficie d'une fuite opportune pour annoncer avec quatre jours d'avance sur le calendrier officiel une baisse de « 0,056 % », soit « 1 400 demandeurs d'emploi de moins ». La baisse est minime au regard des 2,5 millions de chômeurs « officiels ». Elle suffit pour que l'auteur de l'article annonce un retournement majeur de tendance. À croire que les responsables de cette fuite « organisée en haut lieu », selon le syndicat SNU-ANPE, « au prix du viol de mesures cadrées et déontologiquement structurées », connaissaient déjà la suite de l'histoire.

Car, à partir de juin, les innovations se multiplient dans la façon de gérer la liste des demandeurs d'emploi. Elles sont effectuées en toute discrétion et sans la moindre explication. Toutes ont l'avantage de sortir certains demandeurs d'emploi hors des catégories utilisées pour les statistiques officielles du chômage, sans pour autant faciliter leur recherche d'emploi : les licenciés économiques signataires des conventions de reclassement personnalisé, puis ceux signataires du contrat de transition professionnelle ; les demandeurs d'emploi créateurs d'entreprise ; les demandeurs d'emploi bénéficiaires des petits boulots aidés par l'État ; certains demandeurs d'emploi qui exercent de temps en temps des petits boulots non aidés pour survivre en attendant mieux. Tous sont priés d'aller voir hors des catégories utilisées pour les statistiques officielles, dans la catégorie « 4 », avec les personnes malades, en formation et les femmes enceintes, ou dans la catégorie « 5 », avec les personnes ayant un vrai travail.

Autre innovation : les conditions dans lesquelles les demandeurs d'emploi peuvent actualiser leur situation mensuelle. Pour ne pas être radiés, les inscrits doivent chaque mois indiquer auprès des Assedic s'ils recherchent toujours un emploi et s'ils ont travaillé au cours du mois passé. Ceux qui n'ont pas actualisé leur situation dans les premiers jours du mois sont relancés. Depuis juin 2005, les demandeurs d'emploi ont moins de temps pour effectuer leur régularisation lorsqu'ils font l'objet d'une relance par l'Unédic. De ce fait, quelques-uns sont radiés pour « absence au contrôle ». Là encore, aucune raison de cette évolution de gestion n'a été avancée.

Avec un tel empressement, le miracle ne tarde pas : à partir du mois de juin 2005, l'indicateur officiel du nombre de demandeurs d'emploi recule de 20 000 à 30 000 par mois. Dans le même temps, le fétichisme des chiffres du chômage gagne les plus hautes autorités de l'État, suffisamment accros et persuasives pour que la déontologie qui impose de respecter un calendrier officiel pour les publications des statistiques économiques importantes soit systématiquement violée par tel ou tel ministre, par le Premier ministre et par le président de la République. Tous pressés d'annoncer la dernière baisse des chiffres du chômage avant la date de publication officielle, parfois plusieurs jours à l'avance en fonction de l'agenda politique du moment. Comment croire ensuite à l'absence de pression pour enjoliver les chiffres ?

Face aux soupçons, la botte magique du CNE

Rapidement, la forte baisse des chiffres officiels du chômage pose question : le chômage semble reculer fortement alors que les créations d'emplois ne sont pas au rendez-vous. En décembre 2005, une publication du ministère du Travail reconnaît que sur le troisième trimestre 2005, « la progression estimée de l'emploi et la stagnation de la population active n'expliquent qu'une partie du net repli du chômage [selon les critères du] BIT ». Ce constat sera réitéré jusqu'à fin 2006.

En regardant dans le détail les statistiques de l'ANPE, les analystes ne voient pas le savant jeu de bascule entre les catégories d'inscriptions qui comptent et celles qui ne comptent pas. En revanche, la hausse des radiations devient visible. Le risque de radiation pour absence au contrôle, stable depuis mi-2001, augmente à partir de juin 2005, provoquant de 15 000 à 20 000 sorties supplémentaires chaque mois (une partie se réinscrit sans doute ensuite). L'effet sur les statistiques est direct. Il explique à lui seul les deux tiers de la hausse des sorties observées à partir de juin 2005. Dans le même temps, les nouvelles inscriptions à l'ANPE ne ralentissent pas et les sorties pour reprise d'emploi ne progressent pas. Les offres d'emploi enregistrées à l'ANPE ne reflètent pas non plus d'embellie du marché du travail.

Alors que le gouvernement active sa communication sur la baisse miraculeuse du chômage, la trop visible hausse des radiations vient troubler un si joli tableau. Début 2006, le gouvernement lance une contre-attaque, toujours sur le terrain des chiffres, en décidant de mettre en doute publiquement la crédibilité des statistiques de l'emploi publiées par l'Insee. Puisque les conjoncturistes trouvent que les créations d'emplois sont trop faibles pour expliquer le recul affiché du chômage, l'Insee est accusé de sous-estimer les créations d'emplois. Faisant d'une pierre deux coups, le gouvernement vante en même temps son contrat nouvelles embauches : selon lui, les supposées dizaines de milliers d'emplois créés grâce au CNE seraient restées à l'écart du champ de vision de l'Insee, dont les méthodes de calcul auraient ignoré les petites entreprises.

Le contre-feu est allumé par un nouvel article du *Parisien*, publié le 10 janvier. Sous le titre : « Le gouvernement va revoir les chiffres du chômage », Jean-Marc Plantade, toujours bien informé, cite « un responsable ministériel », « un conseiller » et les « rangs gouvernementaux » pour remettre en cause « les forts en maths de l'Insee [qui] n'ont pas encore intégré totalement le CNE dans leurs modèles et [qui] se contentent, paraît-il, d'appliquer forfaitairement aux entreprises de moins de dix salariés les évolutions constatées dans les entreprises de dix à vingt salariés ». L'article fait ensuite état d'une « réunion discrète entre les représentants du ministère de l'Emploi, de l'Insee et de la Dares » qui aurait eu pour objet de remédier à ces lacunes au plus vite, en précisant naturellement qu'« il ne s'agit pas de tripatouiller les chiffres mais simplement de les affiner de manière à lever certaines imprécisions ». Cet article entraîne en réaction un communiqué critique de plusieurs syndicats du ministère du Travail, relayés par des syndicats de l'Insee.

L'exploitation par le gouvernement des chiffres sur les embauches en CNE publiés depuis l'été 2005 tend à montrer le succès du dispositif en lui attribuant un impact massif sur les créations nettes d'emplois. Selon l'Acoss, on compte 270 000 intentions d'embauche en CNE à la fin 2005. Ce chiffre paraît considérable mais il faut rappeler qu'environ 30 millions d'intentions d'embauche sont déclarées chaque année, dont la moitié concerne des intérimaires. Au total, hors intérim, le CNE ne représente que 5 % des intentions d'embauche jusqu'en février 2006. Début 2006, une enquête d'une société spécialisée dans le conseil aux petites entreprises (Fiducial) conclut que près d'un tiers des recrutements en CNE n'aurait pas eu lieu si ce nouveau contrat n'avait pas été mis en place. S'appuyant sur ces estimations, Dominique de Villepin prétend que le CNE a permis de créer 80 000 emplois supplémentaires en cinq mois.

Fier de ce « succès », le Premier ministre lance alors le contrat première embauche (CPE), un « CNE *bis* » pour les jeunes. Mais 80 000 emplois supplémentaires en cinq mois dans les petites entreprises, c'est autant que les créations nettes d'emplois de toutes les entreprises du secteur privé, petites ou grandes, mesurées par l'Insee pour le second semestre 2005. L'emploi salarié privé n'aurait donc pas progressé en l'absence du CNE. Pourtant, juste avant la mise en place du CNE, au premier semestre 2005, comme au quatrième trimestre 2004, l'emploi salarié privé a augmenté de 50 000. Face à cette contradiction, la remise en cause des estimations d'emploi de l'Insee a tout son intérêt.

En fait, le raisonnement du Premier ministre sur l'effet du CNE sur l'emploi est triplement fallacieux [2]. Il s'appuie sur des déclarations d'intentions d'embauche qui ne se traduisent pas toujours par une embauche effective. Plus important, il ne tient pas compte des ruptures de contrats. Or, selon une étude du ministère du Travail, celles-ci sont beaucoup plus nombreuses pour les CNE que pour les CDI. La même étude remet par ailleurs en cause les résultats de Fiducial : seul un recrutement en CNE sur dix n'aurait jamais eu lieu si celui-ci n'avait pas été créé ; deux recrutements sur dix correspondent à une anticipation d'embauche et ne contribuent dans ce cas que très provisoirement au rehaussement du niveau de l'emploi ; pour les autres, le recrutement aurait eu lieu à la même date avec un autre contrat.

---

2 Laurent BISAULT et Jean-Michel CHARBONNEL, « Les créations d'emploi du CNE : mythes et réalités », février 2007, disponible sur : <http://acdc2007.free.fr/cnedef.pdf>

En février, avec les manifestations massives contre le CPE, c'en est fini des ambitions présidentielles de Villepin. Dans le même temps, les premières condamnations de chefs d'entreprise qui avaient licencié des salariés en CNE sans motiver leur décision tombent. Le CNE est jugé contraire à la convention 158 de l'Organisation internationale du travail qui stipule qu'un salarié ne peut être licencié sans qu'il existe un motif valable de licenciement. Une dérogation est prévue pour une période d'essai dont la durée doit être raisonnable. C'est la durée de deux ans de la « période de consolidation » du CNE qui est jugée excessive. Par des artifices juridiques, le gouvernement parviendra à retarder la condamnation définitive du CNE, qui sera confirmée ultérieurement par le BIT et par la Cour de cassation.

Avec le rejet du CPE et ces premiers jugements, le CNE perd rapidement de l'attrait auprès des employeurs, pour ne plus représenter que 2 % du total des intentions d'embauche. L'Acoss exhibe alors une série corrigée des variations saisonnières qui montre une stabilité du recours au CNE. Pourtant, le CNE existe depuis moins d'un an et, techniquement, il n'est possible de corriger les variations saisonnières d'une série mensuelle qu'au bout de plusieurs années. À l'été 2006, selon des sources syndicales, l'Unédic dénombre 170 000 salariés en CNE à la fin 2005, soit 100 000 de moins que les intentions d'embauche affichées jusqu'alors. Le directeur de l'Unédic décide alors de ne pas publier son résultat.

Concernant l'effet sur l'emploi du CNE, le ministère du Travail joue la prudence en disant qu'il n'est pas possible de l'évaluer. De son côté, la direction de l'Insee exhibe dans ses notes trimestrielles de conjoncture de l'année 2006 un effet positif de 10 000 à 20 000 emplois supplémentaires par trimestre à partir d'une méthodologie très approximative, chiffre déjà très éloigné des affirmations du Premier ministre. Une étude rigoureuse aurait été lancée par l'Insee, ne faisant apparaître aucun effet significatif du CNE sur les créations d'emploi.

La fin des illusions

Pendant ce temps, le chômage « officiel » poursuit son recul. Les ruptures d'embargo sur les publications mensuelles perdurent. Le gouvernement et Christian Charpy sont toujours à la manœuvre pour accentuer la pression sur les chiffres du chômage. À partir de janvier 2006, un suivi mensuel des chômeurs est mis en place. Jusqu'alors, le conseiller de l'ANPE établissait un diagnostic individualisé lors de l'inscription du demandeur d'emploi. Tous les six mois, sa situation était réexaminée. Entre-temps, il avait pu revenir à l'ANPE pour consulter les offres, suivre une formation… À partir de janvier 2006, les convocations deviennent mensuelles. Officiellement, il s'agit de « mieux » suivre les demandeurs d'emploi, tout en jouant sur l'image du faux demandeur d'emploi inscrit indûment. En pratique, aucun moyen n'est dégagé pour développer ce suivi renforcé. Les syndicats de l'ANPE et les témoignages de chômeurs rapportent ainsi des entretiens bâclés de quelques minutes, des entretiens collectifs ou des rendez-vous par téléphone. En réalité, il s'agit d'instaurer un ersatz d'accompagnement individualisé dont la première vertu est d'accélérer les radiations des chômeurs, à l'image de ce qui s'est passé en Grande-Bretagne.

Car convoquer davantage, c'est augmenter la probabilité qu'un chômeur a de ne pas répondre à sa convocation. Comme l'explique une note de janvier 2007 du collectif « Les autres chiffres du chômage », créé fin 2006 à l'initiative du Réseau d'alerte sur les inégalités, avec AC, le mouvement national des chômeurs et des précaires, le réseau Stop précarité et plusieurs syndicats, de l'Insee et de l'ANPE : « Le demandeur d'emploi n'est pas forcément toujours disponible. D'abord, il peut être malade, comme les salariés en emploi. Ensuite, il peut se former, rencontrer des employeurs potentiels : la recherche d'emploi prend du temps, *c'est un métier*. Il doit aussi jongler avec l'Assedic et les différents organismes sociaux parce qu'un chômeur sur deux n'est pas indemnisé ; quand il l'est, son indemnisation ne lui assure qu'un revenu souvent faible, notamment pour tous les anciens smicards. Enfin, et pour les mêmes raisons, pour gagner de quoi vivre, voire survivre, il fait aussi des petits boulots, comme la loi l'autorise : c'est l'*activité réduite*. Enfin, comme cela arrive à tout le monde, il peut oublier ; oublier par exemple de répondre dans les délais à la lettre que l'ANPE lui a adressée pour justifier son absence à convocation [3]. »

De fait, le risque de radiation administrative, stable autour de 1,4 % depuis 2001, passe à 1,7 % au début de l'année 2006, en hausse de 20 %, soit environ 6 000 radiations supplémentaires chaque mois pour les seuls demandeurs d'emploi de catégorie 1.

Selon une note de deux administrateurs de l'Insee, citée par *Le Monde* [4] et dont nous avons repris l'essentiel de l'analyse, d'autres changements dans le mode de gestion des listes de l'ANPE auraient eu lieu, en toute discrétion, sur la base d'initiatives locales, sous la pression des indicateurs de résultats fixés par la direction générale de l'ANPE. Les auteurs mentionnent ainsi des témoignages de demandeurs d'emploi du Rhône, radiés pour avoir eu un petit boulot de deux mois : « Tu bosses deux mois en intérim dans l'année et hop ! T'es plus chômeur, tu te réinscris et hop tu deviens un *nouveau* chômeur. Magique ! » Ils mentionnent une « évolution curieuse » de la courbe des demandeurs d'emploi de catégorie 1 dans les Hautes-Pyrénées, ainsi qu'une précision pleine de mystère dans la publication des statistiques du chômage de novembre 2006 : « N.B. : L'enregistrement des

---

3 Collectif « Les autres chiffres du chômage », « Chômeurs et chiffres sous pression », Note 2, 29 janvier 2007, disponible sur le lien : <http://acdc2007.free.fr/ACDC2-Chomeurs_et_chiffres.pdf>

4 Virginie Malingre, « Deux administrateurs de l'Insee estiment à 9,5 % et non à 8,7 % le "véritable" taux de chômage », *Le Monde*, 7 mars 2007, disponible sur le lien <http://acdc2007.free.fr/skymonde.pdf>

sorties du chômage en octobre a été affecté par des modifications du système d'information. Un ajustement statistique a été apporté pour assurer la continuité des séries. »

Quand l'année 2006 se termine, le gouvernement Villepin peut afficher une baisse de plus d'un point et demi du taux de chômage en dix-huit mois, avec près de 400 000 chômeurs de moins, sans qu'il n'y ait eu de créations d'emplois suffisantes pour expliquer cette baisse.

Le 18 janvier 2007, *Les Échos* annoncent que l'Insee reporte à l'automne la révision annuelle des chiffres du chômage qui aurait dû intervenir au début du mois de mars, quelques semaines avant les élections présidentielles. Le prétexte est que l'enquête Emploi présenterait des difficultés techniques. Cette décision jette le trouble sur les statistiques publiées jusqu'alors. C'est la fin de l'illusion et l'entrée des statistiques du chômage dans la campagne électorale.

Le 24 janvier, *Le Canard enchaîné* titre sur « Borloo [qui] censure les chiffres de l'Insee » pour ne pas mettre en évidence une réalité qui peut déranger à quelques semaines d'un scrutin majeur. En clair, le chômage n'aurait pas reculé aussi rapidement que le gouvernement le disait. « Contrairement aux déclarations triomphales de Villepin et aux statistiques publiées mensuellement par Borloo, le taux de chômage ne serait pas descendu à 8,7 % de la population active (niveau record depuis 2002) mais se stabiliserait à 9,2 % », soit une révision à la hausse de 0,5 point du taux de chômage.

Le 29 janvier, le collectif « Les autres chiffres du chômage » conteste à son tour la réalité de la baisse du chômage et la décision de l'Insee de ne pas publier les chiffres de l'enquête Emploi. Il affirme que « si des chiffres sont bien sujets à caution, ce sont ceux de l'ANPE, pas ceux de l'enquête Emploi de l'Insee. La pseudo-baisse du chômage résulte non pas du retour à l'emploi des chômeurs, mais des pressions de plus en plus fortes qui aboutissent à les exclure des listes de l'ANPE. »

Le 14 février, l'Observatoire français des conjonctures économiques (OFCE), institut indépendant de conjoncture économique, chiffre à son tour l'ampleur de l'écart à 0,3 point. Trois semaines plus tard, quelques jours avant la réunion du Conseil national de l'information statistique (CNIS), où l'Insee et le ministère du Travail doivent justifier le report de la correction du taux de chômage, *Le Monde* annonce une correction du taux de chômage à 0,8 point, sur la base de la note anonyme évoquée plus haut, ce qui revient tout simplement à diviser par deux la baisse du chômage affichée. À l'appui de sa démonstration, la note revient sur le détail des changements de mode de gestion et propose des premiers chiffrages en cherchant à répondre à plusieurs questions : les évolutions des pratiques ont-elles pu perturber les indicateurs utilisés pour suivre l'évolution conjoncturelle du chômage ? S'agissant du nombre « officiel » de demandeurs d'emploi, la question est de savoir si des demandeurs d'emploi qui auraient été comptabilisés en catégorie 1 sont désormais comptabilisés ailleurs. S'agissant du taux de chômage, estimé de façon provisoire à partir de l'évolution du nombre de demandeurs d'emploi « sans activité réduite », la question est de savoir si des demandeurs d'emploi qui auraient été comptabilisés dans les catégories « 1, 2 ou 3 sans activité réduite » sont désormais comptabilisés ailleurs. Au total, elle conclut sur un biais de l'ordre de 100 000 personnes fin 2005 et 220 000 fin 2006. « Mais, en moyenne annuelle, la correction n'est que de 30 000 en 2005, dans la marge habituelle des corrections faites avec l'enquête Emploi, et de presque 170 000 en 2006, à laquelle peut s'ajouter (ou se retrancher) la marge d'erreur habituelle de l'enquête. De ce fait, une révision du taux de chômage de l'ordre de 0,8 point n'est pas invraisemblable [5]. »

Les statistiques officielles en campagne

En annonçant sa décision de reporter à l'automne la révision du taux de chômage après les élections présidentielles, l'Insee met en avant des problèmes techniques qui doivent être expertisés, notamment le taux de réponse à l'enquête Emploi, annoncé comme anormalement bas. Mais c'est plus vraisemblablement l'ampleur de la révision à la hausse du taux de chômage

---

5 Sky, « Chronique d'une révision du chômage annoncée ou comment multiplier par deux la baisse du chômage », disponible sur le lien <http://acdc2007.free.fr/bellecor.pdf>

qui l'a conduit à hésiter à procéder au recalage à la hausse des estimations mensuelles du taux de chômage pour l'année 2006. En ne validant pas l'enquête Emploi pour l'année 2006, les chiffres de l'enquête sur le CNE sont aussi censurés : à la fin 2006, l'enquête ne recense guère plus de 200 000 salariés en CNE, alors que le flux cumulé des intentions d'embauche est de près de 800 000. L'Insee donne rendez-vous le 9 mars 2007, au Conseil national de l'information statistique, pour présenter dans le détail les raisons de ses choix.

Lors de cette réunion, une affluence inhabituelle et de nombreux journalistes se pressent à Bercy, pour assister à un curieux jeu de rôles. D'un côté, l'Insee, qui cherche à justifier sa décision en alignant les arguments techniques incompréhensibles pour les profanes et critiqués en séance par les spécialistes. De l'autre, la Dares, en charge des statistiques des demandeurs d'emploi de l'ANPE, qui minimise les effets possibles des changements de mode de gestion sur les statistiques du chômage.

L'Insee d'abord. L'institut avait mis en avant en janvier une baisse du taux de réponse à l'enquête Emploi en 2006. Il apparaît finalement dans la moyenne des années antérieures, sans modification significative par rapport à 2005, autour de 80 %, chiffre particulièrement élevé au regard des autres enquêtes réalisées en France et des exemples étrangers. L'Insee parle aussi de « biais de rotation » entre les différentes vagues d'interrogation : les enquêtés sont interrogés six trimestres de suite et le taux de chômage selon le rang d'interrogation varie, mais pas davantage en 2006 qu'auparavant. L'Insee compare ensuite les résultats de son enquête Emploi à ceux d'autres sources, dont les spécialistes savent qu'elles ne sont pas comparables. Seul point positif pour le débat public, l'Insee livre le taux de chômage donné par l'enquête Emploi pour l'année 2006 : 9,8 %, soit 0,7 point de plus que les estimations publiées jusqu'alors. Pire pour le gouvernement, le niveau de chômage moyen de 2006 est le même qu'en 2005. « Un non-chiffre », précisera alors un responsable de l'Insee.

La Dares, ensuite, représentée par son nouveau chef de service, Philippe Ravalet, ancien du cabinet du ministre du Travail jusqu'à fin 2006, futur membre du cabinet de François Fillon, après les élections présidentielles. Au CNIS, la position de la Dares est stratégique. Soit elle met en avant tous les effets perturbateurs que les nombreuses innovations de messieurs Villepin et Charpy ont pu avoir, et peut justifier de ce fait l'ampleur de la correction suggérée par l'enquête Emploi. Soit elle ne le fait pas et il est légitime de poursuivre les investigations techniques. C'est le second choix que fait la direction de la Dares. Celui de minimiser les effets des changements de mode de gestion des demandeurs d'emploi. Les « améliorations du classement en catégorie 5 » ? « Faute d'informations quantitatives sur ces différents devenirs [devenir des inscrits entrés en contrat aidé], on ne peut pas à ce stade se livrer à un chiffrage de cet effet. La seule conclusion robuste est que le dénombrement des personnes inscrites dans les différentes catégories par l'ANPE est sans doute plus précis qu'auparavant [6]. » La mise en place du suivi personnalisé ? « Il paraît à ce jour totalement impossible d'imputer tout ou partie de ces surcroîts de radiations à l'entretien mensuel. » Seuls les effets mécaniques de la mise en place de la convention de reclassement personnalisé et du changement de date de relance pour l'actualisation des chômeurs sont reconnus, pour une ampleur de 20 000 sur le chômage au sens du BIT, chiffre qui « ne peut être considéré que comme un majorant », précise même Philippe Ravalet. À peine l'équivalent de 0,1 point de taux de chômage. Autant dire rien. Cette intervention justifie la décision de l'Insee de poursuivre la publication du taux de chômage mensuel non corrigé jusqu'à l'automne. La Dares a-t-elle caché des choses ? Deux raisons de se poser la question : tout d'abord, à la suite de la réunion du CNIS, les personnels de la Dares dénoncent l'attitude de leur directeur, Antoine Magnier, et de son chef de service qui n'ont pas tout dit des travaux réalisés avant la réunion. C'est bien plus tard, au cours de l'été, que sera publié un document de travail de la Dares qui estimera finalement que les effets des changements de mode de gestion intervenus sont bien plus importants.

---

6 Voir le compte rendu de la réunion de la Formation « Emploi, revenus » du 8 mars 2007 (p. 10-15) sur le site du CNIS : <http://www.cnis.fr/ind_agenda.htm>

Fin mars 2007, Eurostat invalide le point de vue de l'Insee en utilisant les résultats de l'enquête Emploi dans ses estimations mensuelles pour la France. Selon l'un des responsables d'Eurostat, « L'enquête Emploi est utilisable et présente plus de fiabilité que les chiffres fournis par les sources administratives. » Avec une définition plus restrictive du chômage et en incluant les chômeurs des DOM dans ses calculs, Eurostat annonce un taux de chômage de 8,8 % à la fin février, ce qui correspond à un taux autour de 9,4 % selon les normes françaises, soit environ 1 point supérieur à l'annonce gouvernementale (8,4 %)

Malgré la décision d'Eurostat, les nombreux débats sur la place publique et des « avertissements » explicites dans les publications conjoncturelles, le gouvernement fanfaronne sur le taux de chômage le plus bas depuis 1983, inférieur au 8,6 % de Lionel Jospin à la mi-2001. Alors que de nombreux médias nuancent cette annonce par un rappel de la controverse en cours, l'ineffable Jean-Marc Plantade titre alors : « On est revenu au taux de 1983. » Comme le journaliste le précise utilement : « Les derniers chiffres du chômage avant le premier tour de l'élection présidentielle sont bons [7]. »

Un mois plus tard, les statisticiens du ministère de l'Emploi manifestent contre ce « truquage » des chiffres du chômage et demandent la suspension de la

---

7 *Le Parisien*, 30 mars 2007.

publication mensuelle du taux de chômage. Ce mouvement reçoit le soutien de nombreux économistes et universitaires. Mais, entre les deux tours de l'élection présidentielle, le taux de chômage non corrigé de la fin mars est publié comme si de rien n'était. Jean-Marc Plantade, spécialiste des affaires économiques, titre « 25e mois de baisse du chômage », en notant qu'« évidemment, à une semaine du deuxième tour, le chiffre sera d'autant plus contesté (voir ci-contre) qu'il est bon. [...] le taux de chômage, au sens du Bureau international du travail, est tombé à 8,3 %. Ce qui constitue le meilleur résultat depuis maintenant vingt-cinq ans [8] ». « Voir ci-contre », parce que Jean-Marc Plantade laisse un autre journaliste parler des agents de la Dares qui font grève et manifestent pour demander l'arrêt de la publication du taux de chômage. Sans doute ne voulait-il pas brouiller son message par cette information anecdotique. Quelques mois plus tard, alors que Jean-Michel Charpin est débarqué de son poste de directeur général de l'Insee, Jean-Marc Plantade entre au cabinet de Christine Lagarde. Nicolas Sarkozy ne manque pas de se vanter de ce résultat dans son débat télévisé avec Ségolène Royal.

Concernant le CNE, la Dares donne la première estimation publique du nombre de salariés en CNE par une méthode indirecte et imprécise en mars 2007 : entre 190 000 et 230 000 à la fin 2005 et entre 360 000 et

---

8 *Le Parisien*, 27 avril 2007.

460 000 à la fin 2006 [9]. C'est beaucoup moins que le flux d'intentions d'embauche, mais beaucoup plus que le résultat de l'enquête Emploi, pourtant confirmé par l'enquête Acemo.

Un retour aux réalités sur mesure

Face aux remous, les uns et les autres s'affairent pour préparer une sortie de crise qui sauvegarde les apparences.

En mars 2007, le CNIS a mis en place un groupe de travail pour discuter des indicateurs d'emploi, de chômage, de sous-emploi et de précarité de l'emploi que le système statistique public devra produire. Un premier rapport est attendu pour novembre et le rapport définitif au printemps 2008. Composé de spécialistes de différentes administrations, mais aussi de représentants des syndicats et du collectif « Les autres chiffres du chômage », les travaux de ce groupe peuvent inquiéter le gouvernement. Car tous les éléments sont là pour un retour brutal aux réalités : faute d'arguments techniques robustes, la validation de l'enquête Emploi s'avère inévitable et, avec elle, la reconnaissance que l'ampleur de la baisse du chômage n'était que factice. Profitant de la crise, on peut même espérer une remise à leur juste place des statistiques de l'ANPE, celle de simples statistiques de gestion,

---

9 Laure Berné, Bérangère Junod, Christine Lagarenne, Claude Minni : « Le CNE un an après », *Premières Synthèses* n° 09.1, Dares, mars 2007.

utiles pour connaître l'activité d'un service public important, mais inadaptées pour décrire la réalité de l'évolution conjoncturelle du marché du travail.

Le 11 juin 2007, le groupe de travail du CNIS tient sa première réunion. Quelques jours après, le Premier ministre commande un rapport à l'Inspection générale des affaires sociales et à l'Inspection générale des finances sur les mêmes questions que le groupe du travail du CNIS, mais dont les conclusions sont attendues rapidement, histoire de lui couper l'herbe sous le pied. C'est Bruno Durieux, ancien ministre du Travail de Raymond Barre, qui supervise le travail du côté de l'Inspection générale des finances.

Remis au Premier ministre le 24 septembre 2007, ce rapport est un bien curieux produit [10]. Juste avant sa sortie, quelques fuites dans la presse avaient suggéré un faible « recalage » du taux de chômage : 8,3 % pour *Les Échos*, 8,4 % selon *Le Monde*, qui citait le « ministère de l'Emploi ». Ces journaux omettaient de dire que le rapport préconisait un changement du mode de calcul du taux de chômage pour s'aligner sur la définition Eurostat, ce qui suffit à réduire de presque un point le taux de chômage affiché par rapport à l'interprétation française des concepts du BIT. À la décharge des médias, sans doute mal

---

10 Bruno Durieux, Marie-Ange du Mesnil du Buisson *et al.*, « Rapport sur les méthodes statistiques des estimations du chômage », Inspections générales des finances et des affaires sociales, septembre 2007, <www.minefe.gouv.fr>

informés, il faut reconnaître que le rapport n'explicite pas forcément les effets de ce détail technique avec ce style aussi clair et tranché qu'il a sur d'autres questions. Car toute l'habileté du rapport est de manier les techniques rédactionnelles pour mener le lecteur là où il veut sans encourir le reproche de dissimulation. Un vrai métier.

Malgré les polémiques récentes, il ne s'intéresse pas aux questions en suspens : qui a décidé des changements de mode de gestion de la liste des demandeurs d'emploi ? Pour quelles raisons ? D'où viennent les fuites d'informations sur les chiffres du chômage et de l'emploi ? Dans quel but leur source donnait-elle ces informations privilégiées *a priori* confidentielles à certains médias ? Etc. Plutôt que de se poser ces questions, dans les compétences de l'Inspection générale des finances et de l'Inspection générales des affaires sociales, il préfère se focaliser sur les questions techniques, plutôt dans les compétences de l'Inspection générale de l'Insee. Les conclusions du rapport sont aussi paradoxales, comme s'il était écrit à plusieurs mains. Elles expliquent en substance que le système d'estimation en vigueur devait être abandonné au profit d'une enquête Emploi de médiocre qualité – qu'il faudrait donc revoir en profondeur – parce que les statistiques administratives donneraient une vision faussée de l'évolution conjoncturelle du chômage, tout en restant indispensables pour suivre cette évolution [11].

---

11 Stéphane JUGNOT, « Analyse méthodologique ou outil de communication politique ? », *Variances*, décembre 2007, <www.ensae.org>

Après avoir fait la sourde oreille aux protestations de leur personnel, d'associations et d'économistes réputés, les directeurs de la Dares et de l'Insee décident néanmoins d'adopter les conclusions de ce rapport le jour même de sa publication, ne se laissant pas même le temps d'en réaliser une analyse technique. En novembre 2007, une nouvelle méthodologie d'estimation et de diffusion des chiffres du chômage est adoptée par l'Insee [12]. Désormais le taux de chômage est publié à un rythme trimestriel et se fonde uniquement sur l'enquête Emploi. La définition d'Eurostat de la recherche d'emploi est adoptée. Au total, la nouvelle méthodologie conduit à une baisse d'environ un point du taux de chômage par rapport à la méthode traditionnelle. Si on se rappelle maintenant que Nicolas Sarkozy avait fixé lors de la campagne présidentielle un objectif de taux de chômage à 5 % pour 2012, il apparaît que l'Insee lui fait faire d'un coup un quart du chemin en abaissant artificiellement d'un point le taux de chômage postérieurement à son annonce.

Les nouveaux taux de chômage publiés deviennent ainsi très proches des estimations provisoires publiées de mi-2006 à mi-2007. La manipulation est ainsi masquée. Elle devient criante si l'on regarde l'évolution du taux de chômage de la mi-2005 à la veille de l'élection présidentielle (voir graphique). Sur cette période, le taux de chômage n'a pas baissé de près de 2 points, comme les

---

12 INSEE, « Résultats de l'enquête Emploi : le chômage baisse depuis début 2006 », *Insee première*, n° 1164, novembre 2007, <www.Insee.fr>

Taux de chômage : une nouvelle méthodologie pour masquer la manipulation
(en %)

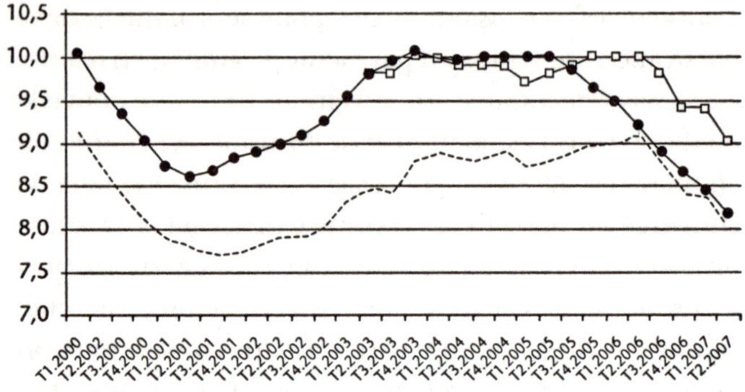

------ courbe providentielle : nouvelle méthode
—□— courbe embarrassante : méthode traditionnelle
—●— courbe « spéciale présidentielle » : estimations provisoires manipulées

Séries trimestrielles 2000-2007 corrigées des variations saisonnières, France métropolitaine.

Sources : enquêtes Emploi Insee, Premières informations mensuelles sur le marché du travail (2003-2007) Dares.

chiffres falsifiés le faisaient croire, mais seulement de 0,7 point. L'Insee confirme en particulier que la baisse continue du taux de chômage du second trimestre 2005 au second trimestre 2006 était une « entourloupe » statistique.

Après le retour aux réalités pour le chômage, vient le tour du CNE. En février 2008, une fois la décision de supprimer le CNE prise, les chiffres de l'enquête Acemo sur le nombre de salariés en CNE à mi-2006, collectés depuis un an et demi, sont enfin publiés. Ils confirment ceux de l'enquête Emploi qui dénombre 210 000 salariés à la fin 2006, quatre fois moins que les intentions d'embauche utilisées dans la communication du gouvernement Villepin. Il est vrai que le sujet n'est alors plus d'actualité.

Cette période de polémique a eu pour conséquence très positive de renforcer le rôle de l'enquête Emploi à partir de l'automne 2007. L'utilisation des chiffres d'inscrits à Pôle emploi pour l'estimation du taux de chômage a été abandonnée au profit du chiffre trimestriel de l'enquête Emploi. Suite aux conclusions du groupe de travail du CNIS, d'autres indicateurs sont aussi publiés trimestriellement, qui permettent de mieux cerner les situations à la frontière du chômage.

Cependant, le chiffre des demandeurs d'emploi inscrits continu à être fortement médiatisé chaque fin de mois. En mars 2009, lors d'une nouvelle refonte des catégories, les directeurs de la Dares et du Pôle emploi ont entretenu cette confusion en privilégiant dans leur communication une sous-catégorie d'inscrits (« catégorie A ») dont l'effectif est proche de celui des chômeurs. Pourtant, le groupe de travail du CNIS avait recommandé de mettre en avant l'ensemble des inscrits. Une instrumentalisation du chiffre de la catégorie A de demandeurs d'emploi est donc toujours à craindre à l'approche d'échances électorales.

3

Les heures supplémentaires : beaucoup de bruit pour rien

Aussitôt élu, Nicolas Sarkozy a fait traduire dans un texte très vite voté, la loi en faveur du travail, de l'emploi et du pouvoir d'achat (TEPA), l'un des principaux slogans de sa campagne : le fameux « travailler plus pour gagner plus ». Il s'agit en fait, à partir d'une analyse simpliste (les problèmes d'emploi et de croissance auraient pour cause essentielle l'insuffisante durée du travail des salariés), d'œuvrer à l'allongement du temps de travail sans s'attaquer à la durée légale de trente-cinq heures (jugé politiquement périlleux). Si cette loi comporte un certain nombre de cadeaux fiscaux (renforcement du bouclier fiscal pour les plus riches, élargissement des possibilités de réduction d'impôt sur la fortune en cas de souscription au capital d'une PME), ce sont bien les mesures en faveur des heures supplémentaires et complémentaires (pour les salariés à temps partiel) qui en constituent le cœur. Rappelons que, dans ce domaine, la loi TEPA mêle deux types de mesures : dispositions en faveur du pouvoir d'achat des salariés qui font ou feront des heures supplémentaires sous forme de réduction de cotisations salariales de Sécurité sociale et d'exonération d'impôt sur le revenu ; mesures d'incitation pour les employeurs, qui seuls ont le pouvoir d'en faire effectuer, par le biais d'aides forfaitaires.

Ce dispositif, rejeté par l'ensemble des syndicats, est également loin de faire l'unanimité à droite. Les premiers redoutent que les éventuelles augmentations de pouvoir d'achat dues aux exonérations ne se substituent aux augmentations de salaires et que la diminution du coût des heures supplémentaires ait des effets négatifs sur l'emploi. À droite, certains membres de la majorité jugent les mesures coûteuses et craignent qu'elles ne produisent pas assez rapidement d'effets dans la perspective des élections municipales du printemps 2008. Côté patronat, on critique d'autant plus la complexité d'une nouvelle « usine à gaz » que la « solution de bon sens » pour régler une fois pour toutes les questions de durée du travail existe : l'abandon pur et simple de la durée légale et la négociation, sans entrave, au sein de l'entreprise, de toutes les composantes du temps de travail (durée hebdomadaire, seuil de déclenchement des heures supplémentaires, contreparties de celles-ci). Ce vœu sera presque complètement exaucé un an plus tard par la loi d'août 2008 « portant réforme du temps de travail », mais c'est un autre épisode du détricotage des trente-cinq heures que nous n'aborderons pas ici. Notre propos est plutôt de montrer comment le gouvernement, confronté au départ à de vrais problèmes de suivi statistique de cette mesure, a choisi, quand il a pu disposer d'éléments de diagnostic, de jouer profil bas devant l'insuccès manifeste d'un dispositif à la fois coûteux et en total décalage avec la dégradation de la situation économique.

Premier acte. Heures supplémentaires : quand on cherche, on trouve

Une des principales sources d'ambiguïté dans l'interprétation des statistiques relatives aux heures supplémentaires vient du fait qu'avant la loi TEPA, on n'avait qu'une idée très imprécise du volume d'heures supplémentaires effectuées en France. Il s'ensuit que le point de départ (le volume d'heures supplémentaires rémunérées avant octobre 2007) était donc mal connu, et difficile à comparer au point d'arrivée (le volume d'heures supplémentaires rémunérées après l'entrée en vigueur de la loi TEPA, en octobre 2007).

Les raisons en sont multiples. Si l'on s'en tient aux heures supplémentaires qui étaient potentiellement éligibles aux mesures de la loi TEPA, c'est-à-dire aux heures supplémentaires que les entreprises rémunéraient à leurs salariés, l'une des principales sources de méconnaissance venait de ce que l'on peut appeler un phénomène de « sous-déclaration statistique aux enquêtes ». Ce phénomène traduit le fait que de nombreuses entreprises, notamment celles où la durée du travail était restée supérieure à trente-cinq heures, avaient l'habitude de ne pas toujours distinguer dans les feuilles de paie la rémunération des heures normales de celle des heures supplémentaires. Sans même parler des heures supplémentaires qui ne sont ni déclarées ni rémunérées et qu'aucune source statistique ne pouvait et ne peut toujours capter, toutes les heures supplémentaires régulièrement effectuées, légales, rémunérées n'étaient donc pas « déclarées » lors des enquêtes. Or, à partir du moment où la loi TEPA a introduit des mesures d'allègements calculées à partir du nombre d'heures supplémentaires, le contexte a radicalement changé. Les entreprises distinguant dorénavant leurs heures supplémentaires dans leurs déclarations aux Urssaf, on s'attendait à ce qu'elles fournissent une réponse statistique de meilleure qualité (du moins pour les heures supplémentaires rémunérées), et à voir le phénomène de sous-déclaration se résorber progressivement. Mais dans quelle ampleur ?

La plupart des statisticiens qui travaillent sur le sujet connaissent ce phénomène de sous-déclaration statistique des heures supplémentaires, mais ne disposent que de peu de moyens pour l'évaluer. Disposent... ou disposaient ? Si l'on regarde attentivement les chiffres qui ont circulé sur l'évaluation du volume d'heures supplémentaires « pré-TEPA », on voit que les choses ont beaucoup évolué entre la discussion parlementaire de juillet 2007 sur la loi TEPA et la rentrée 2008.

En présentant le « paquet fiscal » au Parlement, la ministre de l'Économie, des Finances et de l'Emploi

Christine Lagarde annonçait le 19 juillet 2007 que le gouvernement se fondait sur un « stock » d'environ 900 millions d'heures supplémentaires. Point de départ n° 1 = 900 millions. En avril 2008, en réponse à Didier Migaud, président de la Commission des finances de l'Assemblée nationale, la même Christine Lagarde expliquait que ce chiffre avait été surévalué lors de l'étude d'impact initiale qui ne disposait pas des statistiques pour les entreprises de moins de dix salariés. *Exit* les 900 millions d'heures. À compter de cette date, aucune évaluation officielle du stock d'heures « pré-TEPA » n'a plus été annoncée par le gouvernement.

Est-ce à dire que le flou le plus total a continué de régner sur le point de départ ? Pas si sûr. Une publication du ministère du Travail de l'automne 2008, passée inaperçue, a présenté les résultats d'une étude qui a chiffré le volume d'heures supplémentaires « pré-TEPA ». Cette étude était fondée sur des sources qui n'étaient pas exploitables avant la loi, permettant, pour la première fois, de mesurer le phénomène de sous-déclaration statistique. Il en ressort que le stock d'heures supplémentaires rémunérées aurait été de 630 millions en 2006 et de 730 millions en 2007. Point de départ n° 2 = 730 millions en 2007. Pourquoi une telle différence avec les premiers chiffres de 900 millions ? Aucune version officielle n'a été fournie, mais l'explication est en filigrane dans la publication et les déclarations de Christine Lagarde d'avril 2008. Pressés de fournir des chiffres pour les travaux préparatoires à la loi, les services du ministère ont travaillé avec la seule source dont ils disposaient alors, l'enquête Acemo (Activité et conditions d'emploi de la main-d'œuvre) qui fournit des statistiques sur les salaires, l'emploi, la durée du travail et l'indicateur trimestriel d'heures supplémentaires mais ne permet pas de chiffrer avec précision le biais de sous-déclaration. Les services statistiques ont donc fait des hypothèses sur l'ampleur de celle-ci, et, comme ils ne disposaient pas de données sur les très petites entreprises, ils ont fait d'autres hypothèses pour ces dernières. Ces chiffres étaient donc doublement fragiles.

Le point de départ étant désormais connu, comment interpréter les déclarations du gouvernement qui, d'octobre 2007 à l'été 2008, s'est félicité du recours accru aux heures supplémentaires. Comme par exemple le 3 juillet 2008, où Christine Lagarde déclarait qu'« en moyenne, dans les entreprises de plus de dix personnes, un salarié a accompli 8,7 heures supplémentaires dans le trimestre [il s'agit du premier trimestre 2008] contre 6,2 un an plus tôt ». Nul besoin d'être un as du calcul pour en déduire qu'entre le premier trimestre 2007 et le premier trimestre 2008, les salariés auraient accompli 40 % d'heures supplémentaires en plus. Un véritable succès pour cette mesure phare du paquet fiscal de 2007 ? Rien n'est moins sûr, comme le petit exercice de décryptage statistique auquel nous allons nous livrer va tenter de le démontrer.

Deuxième acte. La baudruche gonfle

Les commentaires de Christine Lagarde portent sur la statistique trimestrielle que publie le ministère du Travail (ou plus précisément son service statistique, la Dares) depuis le quatrième trimestre 2007. Cette statistique est établie à partir des déclarations des entreprises. Et, comme nous l'avons dit, avant l'entrée en vigueur de la loi TEPA, celles-ci ne déclaraient qu'une partie seulement des heures supplémentaires qu'elles rémunéraient à leurs salariés.

L'ampleur de cette sous-déclaration statistique peut être approchée en comparant le « vrai » montant des heures supplémentaires estimées par l'étude du ministère du Travail (qui est, rappelons-le, corrigé du biais de sous-déclaration) à la série trimestrielle établie à partir des déclarations des entreprises et publiée par ce même ministère du Travail. C'est ce qui est fait dans le graphique ci-dessous, pour la période précédant le vote de la loi TEPA.

En 2006, le volume total d'heures supplémentaires rémunérées par les entreprises était de 630 millions. Ce volume correspond à un peu plus de 8 heures supplémentaires trimestrielles par salarié (point A du graphique 1). Cette même année 2006, les entreprises avaient déclaré en moyenne un peu plus de 5 heures par trimestre à l'enquête Acemo (point B du graphique 1). Un rapide calcul permet d'en déduire que la série statistique publiée par le ministère du Travail était bien

Graphique 1. Situation avant la loi TEPA.

Comparaison du « vrai » montant d'heures supplémentaires estimé par la Dares au montant déclaré à l'enquête Acemo par les entreprises

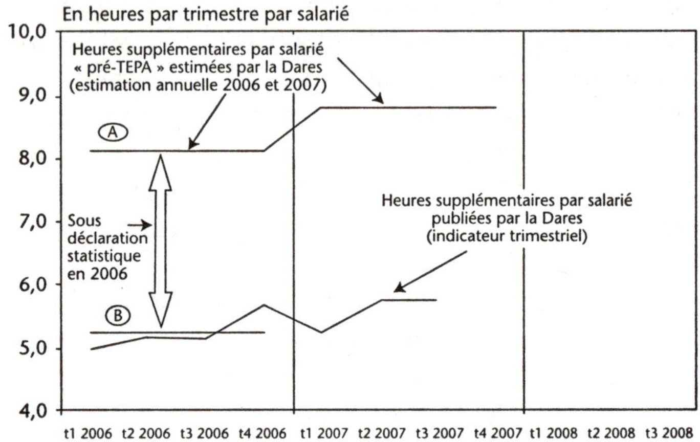

affectée d'un gros biais de sous-déclaration statistique : (5-8)/8 = 37,5 % ! Oui, sauf qu'aucune publication officielle n'a jamais fait cette comparaison, qui aurait été bien utile pour comprendre la suite des événements.

Que s'est-il donc passé après 2006 ? Tout d'abord, entre 2006 et 2007, le montant des heures supplémentaires rémunérées par les entreprises a fortement progressé avant même que la loi TEPA n'entre en vigueur, sous l'effet de la conjoncture, qui ne s'était pas encore retournée, et surtout d'une modification de la réglementation sur les heures supplémentaires dans les hôtels, cafés et restaurants. Cette modification a consisté à

Graphique 2. Situation après la loi TEPA

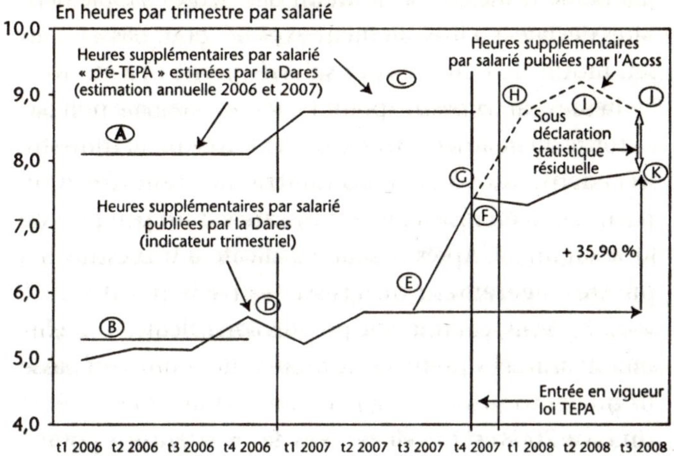

considérer qu'un salarié qui travaille 39 heures fait 4 heures supplémentaires, alors qu'auparavant on considérait que ces heures étaient constituées de pauses, d'attente, etc. Une fois ces facteurs pris en compte, il en résulte un stock d'heures supplémentaires rémunérées de 730 millions en 2007. En convertissant ce volume de 730 millions en « heures par salarié par trimestre », les entreprises avaient rémunéré l'équivalent de 9 heures supplémentaires trimestrielles à leurs salariés en 2007 (point C du graphique 2).

Comment, de leur côté, ont évolué les déclarations des entreprises à l'enquête Acemo ? Jusqu'au troisième trimestre 2007, l'indicateur note une légère tendance à la hausse, sous l'effet des facteurs évoqués ci-dessus. Puis, au quatrième trimestre, le montant des heures supplémentaires déclarées a littéralement explosé, pour passer d'un peu moins de 6 heures par salarié (point E) à environ 7,5 heures par trimestre (point F). Si l'on compare non pas le chiffre du quatrième trimestre 2007 à celui du trimestre précédent, mais à celui du quatrième trimestre 2006 (point D), il en résulte une croissance d'un peu plus de 30 % sur un an. Après ce saut, l'indicateur trimestriel n'a que très légèrement progressé (entre le point F et le point K). Mais, comme une progression calculée « en glissement annuel » prend en compte tout ce qui s'est passé sur quatre trimestres, le glissement annuel du troisième trimestre 2008 est très élevé : près de 36 % (entre le point E et le point K).

Belle progression ! Sauf que l'histoire racontée par l'indicateur du ministère du Travail est surtout la chronique d'un gros bruit statistique, celui de la résorption de la sous-déclaration statistique à l'enquête Acemo.

Troisième acte. Beaucoup de bruit pour rien

Continuons notre petite démonstration, en laissant pour un instant de côté l'indicateur publié par le ministère du Travail et en nous intéressant aux chiffres collectés par l'Acoss (l'organisme qui dirige le réseau des Urssaf) sur les demandes effectives d'exonération pour les heures supplémentaires. À compter du quatrième trimestre 2007, les entreprises ont commencé à pouvoir bénéficier des allègements de la loi TEPA et ont rempli leurs bordereaux de cotisations sociales. Depuis, ces informations donnent lieu à des communiqués de presse mensuels de l'Acoss, qui permettent de disposer de données sur le nombre d'heures supplémentaires ayant bénéficié des exonérations, le montant des heures supplémentaires par salarié et le montant des exonérations.

Au quatrième trimestre 2007, les entreprises de plus de dix salariés ont demandé des exonérations pour un montant d'heures supplémentaires correspondant à 7,5 heures par salarié (point G, très proche du point F du graphique 2). Comme les entreprises n'ont pas toutes ajusté leurs logiciels de paie au premier octobre 2007, les premiers chiffres de l'Acoss étaient difficilement interprétables. En termes techniques, le quatrième trimestre 2007 était un trimestre de « montée en charge du dispositif ». Le montant collecté par l'Acoss a fortement augmenté au premier trimestre 2008 (point H), un peu moins au deuxième trimestre 2008 (point I), avant de reculer assez nettement au troisième trimestre 2008 (point J), en lien avec le retournement de la conjoncture.

Comparons maintenant les séries publiées à l'Acoss avec l'indicateur trimestriel publié par le ministère du Travail et le point de départ. Au troisième trimestre 2008, le montant des heures supplémentaires collectées par l'enquête trimestrielle de la Dares (point K) est inférieur à celui déclaré par les entreprises à l'Acoss (point J), d'environ 10 %. *A priori*, on aurait pu s'attendre à ce que les entreprises déclarent *grosso modo* le même nombre d'heures supplémentaires quand elles demandent des allègements à l'Acoss ou quand elles répondent dans le cadre de l'enquête du ministère du Travail. Ce n'est pourtant pas le cas, pour des raisons qui tiennent vraisemblablement au fait que ce ne sont pas forcément les mêmes services qui répondent aux demandes d'allègements de l'Acoss et à l'enquête du ministère, et qu'aucun enjeu monétaire n'est associé aux déclarations à l'enquête, ce qui n'est pas le cas des déclarations à l'Acoss. Comme le reconnaît le ministère du Travail, cet écart « fournit une indication du biais [de sous-déclaration statistique] qui continue d'affecter la série » de l'enquête Acemo trimestrielle. Ce biais est inférieur à celui que l'on pouvait constater en 2006 (l'écart entre le point A et le point B), mais il est encore conséquent.

Si le point de départ n'est pas bon et que le point d'arrivée ne l'est pas plus, quelle information précieuse fournit donc cet indicateur trimestriel qui a tant mobilisé l'attention des médias et du gouvernement jusqu'à l'été 2008 ? Essentiellement du bruit statistique… lié à la modification du « comportement déclaratif des entreprises » (!), bref une information intéressante pour la petite communauté des statisticiens, mais peu conforme à ce que l'on pourrait attendre d'un indicateur censé rendre compte d'une réalité économique. Curieusement, le gouvernement ne s'est pas arrêté à ces détails techniques. S'il l'avait fait, il aurait été plus avisé de comparer le point de départ C de l'étude publiée par son ministère au point d'arrivée donné par les séries de l'Acoss (points H, I, J), pour constater qu'en gros il ne s'est rien passé entre 2007 et 2008. Mais cela était-il politiquement correct ?

Épilogue

Dernière manifestation de cette volonté de ne pas savoir : l'article 1er de la loi TEPA sur les heures supplémentaires prévoyait la remise d'un rapport d'évaluation du gouvernement au Parlement au plus tard pour le 31 décembre 2008. Ce rapport s'est fait attendre un petit mois, puis a été rendu public sans le moindre commentaire officiel. Plus que d'un rapport, il faudrait parler d'une note détaillée d'une vingtaine de pages, au contenu pour le moins évasif si ce n'est sur le rappel de la législation en faveur des heures supplémentaires et la description des sources et données statistiques disponibles. Les auteurs du rapport auraient d'ailleurs pu faire le meilleur usage de ces dernières puisqu'ils confrontent l'après-TEPA tiré des statistiques exhaustives de l'Acoss (estimation de 750 millions d'heures pour l'année 2008) aux estimations « avant TEPA » du ministère du Travail déjà citées. Malheureusement, ils citent (en gras dans le texte) les 630 millions d'heures de 2006 mais relèguent en note de bas de page les 730 millions de 2007 ! L'un des plus prompts à commenter ces résultats, *Le Figaro*, lui, ne s'est pas trompé sur le sens du message gouvernemental, qu'il s'est empressé de relayer le 29 janvier 2009 sous le sobre titre « Les Français adoptent les heures supplémentaires [1] »...

1 <http://www.lefigaro.fr/economie/2009/01/28/04001-20090128 ARTFIG00692-les-francais-font-150-euros-d-heures-sup-par-mois-.php>

4

Réduire la pauvreté…
en changeant d'indicateur

« Plus personne ne croit dans les statistiques », a déclaré Nicolas Sarkozy le 8 janvier 2008 en ouvrant les travaux de la commission Stiglitz, dont le mandat était de réfléchir à la construction de nouveaux indicateurs alternatifs au produit intérieur brut (PIB). Il est vrai que chacun se rend bien compte que cet indicateur mesure tout sauf la richesse et le bien-être des Français. Une fois n'est pas coutume, le président n'avait pas tort. Le problème, c'est que, contrairement à son slogan de campagne : « Je dis ce que je fais, et je fais ce que je dis », il est le premier à prendre des mesures qui décrédibilisent les statistiques aux yeux des citoyens. Dans le cas qui nous intéresse ici, il s'agit de celles portant sur la mesure de la pauvreté et de l'exclusion sociale, avec, en toile de fond, le bilan de la politique gouvernementale. Revenons sur les faits.

Lors du Conseil des ministres du 17 octobre 2007, Martin Hirsch, Haut Commissaire aux solidarités actives contre la pauvreté, a solennellement présenté l'« engagement national » visant à réduire d'un tiers la pauvreté en cinq ans. Le revenu de solidarité active (RSA), adaptation pour les plus pauvres du thème de la campagne présidentielle « Travailler plus pour gagner plus », constitue l'outil principal pour atteindre cet objectif ambitieux. Si l'on peut s'interroger sur le bien-fondé de cette perspective concernant le RSA, c'est il est vrai la première fois que la France se fixe un objectif chiffré (et *apparemment* clair) de réduction de la pauvreté. Comment ne pas adhérer à un souci de lutte contre un des fléaux majeurs de la société française ? Ne soyons pas mauvais joueurs… et oublions que, dès le début des années 2000, lors du sommet de Lisbonne, l'Union européenne, et avec elle la France, s'était déjà fixé pour objectif d'éradiquer la pauvreté d'ici 2010. Oublions également qu'en 2005 Martin Hirsch, alors président de la Commission « Familles, vulnérabilités, pauvreté » et également président d'Emmaüs France, avait rédigé, à la demande du gouvernement Villepin, un texte qui se proposait de ramener à zéro, par paliers successifs, la pauvreté des enfants d'ici 2020.

Le problème qui nous préoccupe est d'ordre éthique. Car, pour valoriser son action, le gouvernement n'hésite pas à changer les modes d'évaluation de sa politique, et c'est bien là le problème. Conscient de son incapacité à atteindre un tel objectif de réduction d'un tiers de la pauvreté, au moment où les mesures prises s'apparentent plutôt à un engagement national pour les riches et que la crise vient frapper ceux qui sont déjà les plus touchés par la précarité, le chômage et la pauvreté, le gouvernement décide de modifier l'indicateur de mesure de son action. Le Haut Commissaire a en effet été amené à ressortir les recettes qui consistent à changer de thermomètre pour montrer que le malade se porte mieux. Dit autrement, si la pauvreté, telle que mesurée depuis des décennies par la France et l'ensemble des pays européens, ne peut suivre le cap fixé… alors changeons l'outil de mesure pour lui en substituer un autre, dont on est quasiment certain à l'avance qu'il saura répondre à l'objectif affiché.

La mesure traditionnelle de la pauvreté

Afin de mesurer et de suivre l'évolution de la pauvreté monétaire, la France a dernièrement adopté l'indicateur proposé par l'Union européenne. Le taux de pauvreté est défini comme la proportion de personnes ayant un niveau de vie inférieur à un montant donné dit « seuil de pauvreté ». Ce taux est calculé par l'Insee à partir de l'enquête sur les revenus fiscaux des Français (c'est-à-dire de l'exploitation des déclarations d'impôts). Selon la convention retenue par l'organisme européen des statistiques (Eurostat), est considéré comme pauvre un ménage dont les revenus sont inférieurs à 60 % du niveau de vie médian de l'ensemble de la population [1].

---

1 La médiane sépare la population en deux parties égales. La moitié dispose d'un niveau de vie supérieur à la médiane, l'autre moitié d'un niveau de vie inférieur.

La pauvreté est donc un phénomène relatif, dans le sens où l'on est pauvre comparativement à l'ensemble de la population. Cette conception de la pauvreté s'oppose à d'autres modes de calcul qui privilégient la pauvreté dite « absolue ». Celle-ci est fixée à partir de l'équivalent monétaire d'un panier de biens et de services jugés indispensables pour survivre.

Comme toujours dans ce domaine, le choix de tel ou tel indicateur n'est évidemment pas neutre, ni statistiquement ni socialement. Considérer la pauvreté comme un phénomène relatif (on est pauvre par rapport à un niveau donné de développement de la société dans laquelle on vit) s'oppose à une vision dite « absolue » de la pauvreté qui renvoie en quelque sorte à un niveau en dessous duquel un individu ou un ménage serait dans l'impossibilité de survivre. De ce point de vue, l'indicateur de pauvreté relative a l'immense mérite de rendre compte du phénomène dans sa dimension « inégalités sociales ».

En 2006, dernière année disponible, les personnes pauvres, selon le mode de calcul retenu par l'Insee, représentent 13,2 % de la population (soit un peu plus de 7,7 millions d'individus). Leur niveau de vie est inférieur à 880 euros par mois pour une personne seule [2]. À 50 %

---

2 Ce seuil monétaire issu des données fiscales ne peut être comparé aux barèmes sociaux car les données fiscales minimisent fortement (de plus de 20 %) la réalité des revenus. Voir Pierre CONCIALDI, « Les seuils de pauvreté monétaire, usages et mesures », *La Revue de l'IRES*, n° 38, 2001, p. 109-136.

de la médiane des revenus, qui cible une population dont les revenus sont encore plus modestes, le taux de pauvreté est de 7,1 % (soit 733 euros et 4,02 millions d'individus). Sans entrer plus dans les détails de la description de la pauvreté en France – ce qui nous éloignerait de notre propos –, ces quelques chiffres permettent d'illustrer l'importance de la pauvreté et de la précarité en France. Autrement dit, une variation relativement faible du seuil de pauvreté – de l'ordre de 150 euros, résultant du passage de 50 % à 60 % du seuil de pauvreté – a pour conséquence de doubler le nombre de pauvres.

Sur les trente dernières années, l'indicateur officiel enregistre une diminution par deux de la pauvreté en France. Mais, depuis le début des années 2000, le taux de pauvreté relative est plutôt stable, autour de 12 %. À ce premier indicateur, il conviendrait néanmoins d'en ajouter d'autres permettant de rendre compte de l'étendue de ce phénomène : exclusion de l'emploi en tout premier lieu, mais également exclusion du système de soins, du logement, de l'éducation, de la formation... La pauvreté est un phénomène multidimensionnel qui ne peut être réduit à sa seule dimension monétaire. Ce sont dès lors plusieurs millions de personnes qui ne peuvent ni se loger, ni se soigner, ni accéder aux droits fondamentaux que la Constitution est censée leur assurer.

Mais cette stabilisation de la pauvreté depuis de début des années 2000 s'accompagne d'une intensification de ce phénomène. Autrement dit, les pauvres sont de plus en plus pauvres. Et c'est bien là le souci gouvernemental. Car si le président Sarkozy et le Haut Commissaire aux solidarités actives contre la pauvreté sont prêts à afficher un volontarisme inébranlable pour lutter contre la pauvreté, ils ne comptent pas aller jusqu'à mesurer les conséquences de leur politique à l'aune d'un indicateur qui reste depuis maintenant dix ans, à quelques fluctuations près, inexorablement stable autour de 12 %[3]. D'où l'idée « lumineuse », mais disons-le un peu trop évidente, de Martin Hirsch de choisir un autre indicateur pour mesurer le bien-fondé de leurs réformes.

Changer le thermomètre pour faire baisser la fièvre

Faire baisser la pauvreté d'un tiers lorsqu'on compte plus de 7 millions de pauvres – ce qui équivaut à une baisse en cinq ans de près de 2 millions de personnes – et qu'on mène une politique inverse au sens affiché relève de la gageure. C'est pourtant l'objectif que s'est fixé (sans doute imprudemment) le gouvernement. Dès lors, il ne lui reste plus qu'une seule solution : trouver un nouvel indicateur qui permette de rendre

---

3 Une modification de l'enquête Revenus fiscaux en 2006 a abouti à une réévaluation d'un point du taux de pauvreté (13,2 %), sans pour autant que l'on puisse en déduire une augmentation de 2005 à 2006. L'utilisation des mêmes méthodes pour 2005 donne un taux de pauvreté de 13,1 %.

compte favorablement de l'action gouvernementale. Et, rendons-lui cet hommage, c'est bien là le « génie » de Martin Hirsch, ancien chef de cabinet de Bernard Kouchner lorsqu'il était ministre de la Santé, que d'avoir débusqué un indicateur – et ils sont peu nombreux – ayant l'énorme avantage de baisser de façon quasi mécanique. L'idée n'est cependant pas si neuve que cela. L'indicateur retenu par Martin Hirsch avait déjà été préconisé il y a une vingtaine d'années. À l'époque, il n'y avait pas de statistiques sur la pauvreté en France. Mais, avec la mise en place du RMI, on pouvait s'attendre à ce que la question vienne à l'ordre du jour et, de fait, à partir du milieu des années 1990, l'Insee a commencé à publier régulièrement des indicateurs de pauvreté. Mais l'institut en est resté à la seule mesure pertinente, celle en termes de pauvreté relative. Nous allons maintenant montrer comment fonctionne ce curieux tour de passe-passe.

La « trouvaille » consiste à prendre comme « indicateur central » de suivi de l'action gouvernementale le « taux de pauvreté ancrée dans le temps ». Derrière ce nom barbare se cache en fait un mécanisme simple : plutôt que de retenir l'indicateur reconnu internationalement mais qui, nous l'avons vu, a l'inconvénient majeur de rester stable, le gouvernement a choisi d'évaluer son action à l'aune d'un indicateur qui a la particularité d'avoir enregistré une baisse continue au cours de ces dernières années. Comment fonctionne cet indicateur ? Le principe est le suivant : le seuil de pauvreté relative représente en 2006 un revenu égal à 880 euros mensuel. On conserve ce seuil fixe pendant cinq ans (en le faisant uniquement évoluer en fonction de l'inflation) et l'on mesure ensuite combien de personnes restent en dessous de ce seuil au terme du mandat présidentiel. Si, dans cinq ans, le nombre de personnes dont le revenu est inférieur à 880 euros a diminué de 2 millions, l'objectif d'une baisse d'un tiers de la pauvreté est atteint. Dans le cas contraire, le gouvernement aura failli à l'objectif qu'il s'est fixé. Le choix d'un tel indicateur pose d'emblée la question de la fiabilité de l'indice des prix tel qu'il est calculé aujourd'hui par l'Insee. On sait en effet que celui-ci est loin de refléter la réalité de la situation économique. En utilisant un indicateur qui sous-estime la hausse des prix, et particulièrement celle des produits de consommation courante (correspondant aux dépenses contraintes des ménages les plus pauvres), on relativise *de facto* la perte de pouvoir d'achat qui affecte les ménages les plus modestes.

Mais l'avantage principal de cet indicateur, qui n'a pas échappé au gouvernement, c'est que, sur la période de cinq ans allant de 1997 à 2002, celui-ci est passé de 13,4 % à 8,1 %, soit une baisse de 40 %. Avouons-le, lorsqu'on se fixe une baisse de 30 % de la pauvreté sur cinq ans en prenant un indicateur qui a déjà baissé sur une période identique de 40 %, l'objectif est pour le moins atteignable… La manipulation est d'autant plus grossière que, sur la même période (1997-2002), l'indicateur qui mesure la pauvreté relative n'a baissé que de 9 %,

Taux de pauvreté et taux de pauvreté ancré dans le temps

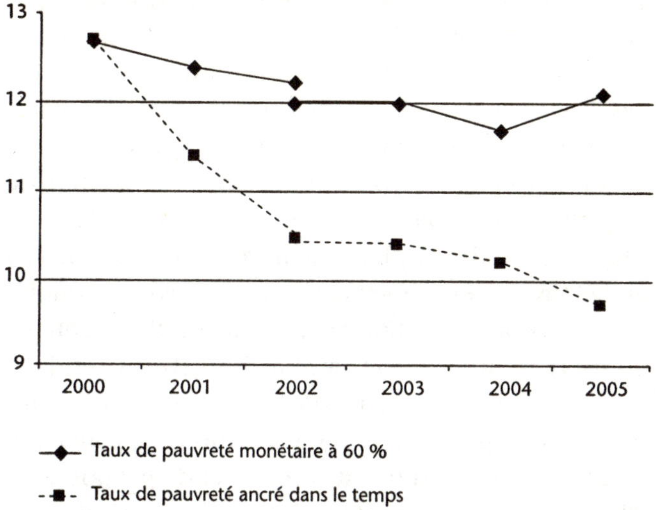

Sources : enquête Revenus fiscaux (Insee).

passant de 13,4 % à 12,2 %. Si on s'intéresse à une période plus récente, comprise entre 2000 et 2005, le taux de pauvreté relative est passé de 12,5 % à 12,1 % (soit une baisse de 3 %) et le taux de pauvreté ancrée dans le temps (retenu par le gouvernement) de 12,5 % à 9,7 %, soit une baisse de 22 % (voir graphique).

Selon les périodes considérées, l'objectif est atteint et même dépassé, ou bien il s'en faut de peu pour que mécaniquement, sans aucune action particulière, il soit atteint. De là à penser que l'ambition affichée par le gouvernement de réduire d'un tiers la pauvreté en cinq ans ne correspond dans la réalité qu'à une vaste manipulation statistique, il n'y a qu'un pas que les nombreuses associations qui luttent quotidiennement contre l'exclusion ont franchi. Au-delà de cette grossière manipulation statistique, ces associations ont également dénoncé le danger consistant à résumer l'évaluation de la lutte contre la pauvreté à cet unique indicateur, au risque de réduire ce phénomène à sa seule dimension monétaire. Si l'on admet que la pauvreté couvre tous les secteurs de la vie quotidienne, évaluer l'action publique requiert le suivi d'une série d'indicateurs rendant compte des diverses facettes de la pauvreté et de l'exclusion. Sous la pression de ces associations, le gouvernement s'est vu contraint de reculer et de proposer un tableau de bord comportant d'autres dimensions de la pauvreté et de l'exclusion, mais il a maintenu son indicateur « central » et il y a fort à parier que c'est sur ce seul indicateur que se centrera en 2012 la communication gouvernementale.

Les associations ont également pointé le danger de centrer la lutte contre la pauvreté sur les seules personnes proches du seuil de pauvreté. Il est en effet « tentant » de cibler l'action gouvernementale sur les personnes dont le niveau de vie est le plus proche du seuil de pauvreté, quitte à laisser la situation des plus pauvres s'aggraver. C'est bien le rôle assigné au RSA, dont l'un des objectifs est de faire « franchir le seuil de pauvreté » à quelque 700 000 personnes (ne serait-ce que de quelques euros), et de concourir ainsi, selon les propres déclarations du gouvernement, à la réduction de la pauvreté.

Plutôt que de s'attaquer concrètement aux causes réelles de la pauvreté et des inégalités sociales, Martin Hirsch privilégie les pauvres soi-disant « employables » ou « méritants » auxquels il propose le RSA et laisse de côté les plus exclus. Il n'hésite pas à opérer un tri entre « bons » et « mauvais » pauvres, clochards et chômeurs réinsérables. C'est pourquoi, devant le refus du gouvernement de changer d'indicateur central, les associations ont exigé que soit également suivie l'intensité de la pauvreté afin de mesurer les conséquences de la politique gouvernementale sur les plus exclus (ceux qui se situent dans le bas de la distribution des revenus – c'est-à-dire les 10 % des ménages qui perçoivent les revenus les plus faibles). Cette revendication est d'autant plus justifiée que les données disponibles montrent une sensibilité forte de cet indicateur à la crise économique qui frappe principalement les plus démunis, et une intensification de la pauvreté qui se traduit par une hausse de cet indicateur.

Vers une mesure de la pauvreté « à l'américaine »

Un autre argument peut être avancé pour pointer le caractère particulièrement pernicieux du choix d'un tel indicateur pour évaluer la politique gouvernementale. L'adoption de l'indicateur de pauvreté ancrée dans le temps change en effet le mode d'observation de ce phénomène. On abandonne l'idée que la pauvreté est la résultante des inégalités sociales et économiques. On passe subrepticement à une vision absolue (ou plus exactement semi-absolue) de la pauvreté, utilisée aux États-Unis, qui évoque un niveau de vie minimum qui pourrait être identique en tout lieu et en tout temps [4]. Mais la distinction entre pauvreté absolue et pauvreté relative n'est pas seulement conventionnelle. Le débat n'a pas pour seul effet de changer le nombre des personnes concernées. Elle renvoie à des perceptions différentes du phénomène et donc des politiques sociales à conduire. L'approche par la pauvreté absolue se fixe pour objectif de résoudre les besoins minimum à la survie individuelle sans tenir compte de l'évolution des besoins des personnes dans une société développée, où les attentes ont largement évolué. La pauvreté relative considère au contraire non seulement ce minimum vital, mais également les manques indispensables pour une vie « normale » relativement aux autres membres d'une société donnée (à son niveau de développement et à son époque).

C'est ce qui fait dire à Thibault Gadjos, économiste à Paris-I, dans *Le Nouvel Économiste* du 26 juin 2008 : « Contre l'approche européenne où l'idée de la pauvreté contient celle d'exclusion sociale, c'est une vision à

---

4 Voir sur ces débats Serge MILANO, *La Pauvreté absolue*, Hachette, Paris, 1988.

l'américaine qui s'impose à celle des pays dont la pauvreté recoupe l'extrême misère et où la référence est de pouvoir couvrir les besoins de base. »

Pour se défendre de vouloir manipuler les chiffres, Martin Hirsch a fait valoir que la mesure de la pauvreté ancrée dans le temps figurait parmi la liste des indicateurs retenus par la Commission européenne. Mais il a omis de préciser que les statisticiens européens insistent sur le fait qu'elle reflète avant tout la variation du niveau de vie due à la croissance économique et qu'elle doit donc à ce titre être utilisée avec précaution. Ceci explique, entre autres, pourquoi elle devrait baisser de manière quasi automatique, sauf à ce que la crise actuelle se traduise par une croissance négative sur les cinq prochaines années, ce qui est tout de même assez peu probable. En revanche, elle ne saurait rendre compte de l'action spécifique menée par le gouvernement en direction des plus pauvres.

Parions qu'au terme de son mandat présidentiel, Nicolas Sarkozy saura faire le tri parmi les indicateurs constitutifs du tableau de bord pour ne retenir que celui sur lequel il s'est *centralement* engagé. Au terme de ce mandat, on a en effet toutes les chances de se trouver dans une situation paradoxale. D'un côté, le discours gouvernemental s'appuiera sur l'indicateur de pauvreté ancré dans le temps et montrera combien l'action gouvernementale a permis de faire reculer la pauvreté et l'exclusion. Et, de l'autre, on observera une autre réalité sociale bien différente. Il faudra dès lors que les services de communication du président de la République déploient des trésors d'inventivité pour convaincre les Français que s'ils se sentent plus pauvres aujourd'hui qu'hier ce n'est qu'une illusion d'optique et qu'en réalité leur situation s'est améliorée. Ce sera aussi le rôle du Haut Commissaire, qui a pris quelques longueurs d'avance puisqu'il vient de recevoir le grand prix du communicant public 2008 décerné par la revue en ligne Acteurs publics.com. Entre-temps, la précarité des emplois, l'augmentation du temps partiel subi, les difficultés pour se loger et se nourrir auront probablement continué d'augmenter.

Le RSA favorise-t-il réellement le retour à l'emploi des allocataires de minima sociaux ?

Le discours gouvernemental visant à légitimer le revenu de solidarité active (RSA) se fonde sur deux types d'arguments largement liés. Le premier renvoie au slogan du « travailler plus pour gagner plus ». Le RSA est supposé assurer aux bénéficiaires des minima sociaux un gain financier en cas de reprise d'un emploi. Le second renvoie au postulat selon lequel les allocataires des minima sociaux, faute d'incitation financière à la reprise d'emploi, se contenteraient de vivre des largesses des aides sociales au lieu de rechercher activement un emploi. C'est la « théorie » en vogue parmi les économistes libéraux, dite des « trappes à inactivité ».

Rappelons que le RSA se substitue à des allocations déjà existantes : revenu minimum d'insertion (RMI) (plus d'un million d'allocataires fin 2008 pour un coût annuel de 5,5 milliards d'euros), allocation de parent isolé (API) (environ 200 000 allocataires pour un coût de 1 milliard d'euros) et les différentes aides au retour à l'emploi déjà existantes, dont la prime pour l'emploi (total de 5 milliards d'euros). Avec l'instauration du RSA, l'effort de l'État aurait augmenté de 1,5 milliard par rapport aux aides existantes (+ 12 %). Cette augmentation porte sur l'aide aux personnes occupant un emploi à bas salaire, puisque les personnes touchant auparavant le RMI ou l'API et ne travaillant pas verront le montant de leur allocation inchangé (RSA de base).

Dans le cas d'un Rmiste qui reprend un emploi, le gain financier par rapport au système antérieur n'est cependant pas systématique dans la première année, contrairement aux annonces de Martin Hirsch. En effet, dans la première année suivant la reprise d'emploi, le dispositif d'intéressement qui était attaché au RMI pouvait être supérieur à celui aujourd'hui attaché au RSA. Tout dépend en fait de la situation familiale. Le RMI était plus avantageux que le RSA dans le cas d'une personne seule. En revanche, dans le cas d'une famille nombreuse, le RSA est plus avantageux. Il y a donc un effet « politique familiale » avec la création du RSA, mais cet aspect est occulté dans l'argumentaire de Martin Hirsh.

Le second argument gouvernemental pour justifier la mise en place du RSA concerne l'impact supposé positif de ce dispositif sur la reprise d'emploi des allocataires des minima sociaux. Autrement dit, l'incitation financière dans le cadre du RSA serait un accélérateur de reprise de l'emploi. Pour faire adopter fin 2008 la loi qui a généralisé le RSA, le gouvernement s'est appuyé sur les premiers résultats de l'évaluation de cet effet pour annoncer grâce au RSA un taux de retour à l'emploi des allocataires de minima sociaux en augmentation de 30 %.

D'où vient ce chiffre ? Un comité d'évaluation a été créé pour mesurer l'« effet emploi » du RSA. Des expérimentations ont été lancées progressivement à partir du quatrième trimestre 2007 dans plusieurs départements. Sous la responsabilité des conseils généraux, des zones expérimentales ont été choisies dans lesquelles le RSA a été introduit et les taux de retour à l'emploi mensuels ont été comparés à ceux de zones témoins des mêmes départements. Ce type d'expérimentation demande beaucoup de temps pour arriver à des résultats robustes. Ainsi au Canada, dans le cadre du *self-sufficiency project* qui concernait deux provinces dans les années 1990, les expérimentations ont duré huit ans. Mais, en France, tout s'est déroulé dans la précipitation, phénomène typiquement sarkozien. Le gouvernement a voulu mettre en avant des résultats dans un délai inférieur à un an. Malgré les mises en garde du comité d'évaluation, le gouvernement a justifié sa politique en déclarant devant les députés que le RSA augmentait d'un tiers le taux de retour à l'emploi des Rmistes. Or, d'une part, le nombre de RSA réellement contractés lors de l'expérimentation était insuffisant pour que le résultat soit significatif. Et, d'autre part, le dispositif d'expérimentation souffre de différents biais. En particulier, ni les zones expérimentales ni les zones témoins n'ont été choisies au hasard, condition *sine qua non* de réussite de ce type de méthode. De plus, certaines reprises d'emploi dans des zones témoins n'ont pas pu être prises en compte.

Quelques mois plus tard, la baudruche s'est dégonflée. Après la signature d'un nombre plus important de RSA, l'« effet emploi » de cette mesure se situerait plutôt aux alentours de 10 %, sans que ce résultat soit réellement significatif, en raison des règles de représentativité statistique des échantillons de populations suivies et des biais potentiels. Mais, fin février 2009, ces nouveaux résultats n'avaient toujours pas été rendus publics.

Au final, le discours gouvernemental sur le RSA se révèle être une véritable supercherie, surtout du point de vue de son supposé effet sur l'emploi. Par contre, en favorisant la reprise d'un emploi à temps très partiel, son effet sur l'augmentation de la précarité (et particulièrement de la précarité des femmes) est évident. Le RSA, en favorisant le cumul pérenne d'un bas salaire et d'une aide sociale permet de peser à la baisse sur les salaires. On peut en effet parier que les employeurs profiteront de cette aubaine qui leur est offerte pour refuser toute augmentation salariale. Le RSA rend plus durablement « supportable » pour les salariés cette situation et n'incite pas les employeurs à les augmenter. Les salariés peuvent dès lors être enfermés dans des emplois mal rémunérés.

5

Éducation : silence dans les rangs ?

Très vite après son investiture, Nicolas Sarkozy fixe les grandes lignes d'action de ses ministres : c'est notamment le cas en matière d'éducation, où il montre le chemin à suivre par sa lettre de mission du 5 juillet 2007. Deux maîtres mots guident l'action présidentielle : liberté et efficacité. Et, dans ce dernier domaine, il y a du grain à moudre et des économies à réaliser : plus d'un million de personnes sont rémunérées sur le budget de l'Éducation nationale, et beaucoup partiront à la retraite dans les années à venir !

L'éducation doit cependant inspirer prudence et précaution : c'est un sujet complexe, lourd d'enjeux sociaux et politiques, qui s'est prêté dans son histoire à de nombreuses controverses. L'école reste un symbole de la République, une affaire de l'État, qui intéresse au plus haut point les personnels, notamment les enseignants et leurs syndicats, les familles et leurs enfants (dont la réussite scolaire engage fortement l'avenir social et professionnel), les spécialistes (sociologues, journalistes...). Il faudra donc veiller à ce que l'action s'appuie sur un discours fort, une communication maîtrisée, qui ne laisse pas place aux informations « parasites ». D'où une tendance pour le moins fâcheuse à tenter de trier les « bonnes » et les « mauvaises » informations en fonction des objectifs que se donne le pouvoir politique...

L'enrichissement du système d'information

Depuis une quinzaine d'années, la tendance est incontestablement au développement du système d'information qui concerne aussi bien les élèves (leurs caractéristiques, leur parcours, leurs acquis, leur insertion...) que les personnels, en particulier enseignants, ou les dépenses. Cette information est synthétisée régulièrement depuis le début des années 1990 sous la forme d'un recueil annuel d'indicateurs largement diffusé (*État de l'École*), préfigurant ce qui est maintenant réclamé dans le cadre de la loi organique relative aux lois de finances (LOLF).

L'évaluation du système éducatif a fortement progressé du fait du développement des travaux internationaux, notamment ceux que l'Organisation de coopération et de développement économiques (OCDE) publie chaque année dans *Regards sur l'éducation.* Les enquêtes internationales sur les acquis et compétences des élèves – *Progress in International Reading Literacy Study* (PIRLS) et

Programme international pour le suivi des acquis des élèves (PISA) – sont devenues incontournables pour qui prétend comparer les résultats des différents systèmes éducatifs. Elles ont contribué, en 2000, à mettre à mal le « modèle allemand » et en revanche à désigner comme référence le système finlandais, dont les élèves se distinguent régulièrement par leurs bonnes performances.

Il semble dès lors aujourd'hui plus difficile de dire n'importe quoi au sujet de l'éducation. Mais on est loin d'être parvenu à la sérénité de jugement, au consensus et aux diagnostics partagés. On ne peut manquer d'être frappé par l'écart qui sépare la satisfaction des ministres à propos de leur action et les critiques venant d'observateurs, spécialistes ou journalistes, qui ne s'embarrassent guère de l'outrance et de l'excès, parlant d'un système figé, en crise, à la dérive, voire en ruine. Comment trancher entre des approches ou des jugements aussi radicalement discordants ? Tâche d'autant plus ardue que les ministres, plutôt indulgents ou flatteurs sur leur propre bilan, se révèlent souvent bien plus sévères sur celui de leurs prédécesseurs. Comment concilier le fait qu'ils sont souvent convaincus d'avoir contribué à redresser une situation, dont beaucoup d'autres déplorent au contraire la dégradation continue, voire inexorable ?

Sans prétendre à la vérité, mais sans renoncer à l'impartialité, le diagnostic que l'on peut porter sur l'école en France est mitigé : elle a accompli d'incontestables progrès (élévation générale des niveaux de formation), mais montre aussi des faiblesses persistantes (difficultés scolaires, souvent précoces, qu'elle a du mal à corriger ou réparer, disparités sociales de scolarisation et de réussite scolaire qui mettent à mal le discours sur la démocratisation et l'égalité des chances). La France connaît aussi une certaine stagnation depuis le milieu des années 1990 en matière d'éducation : arrêt des progrès de scolarisation, de l'accès au niveau du baccalauréat et dans l'enseignement supérieur. C'est dans ce contexte qu'intervient la « rupture » présidentielle du printemps 2007.

Mise en place du discours et de l'action

Le discours gouvernemental s'articule autour des idées suivantes. Les Français souhaitent la liberté de choix, notamment de l'établissement scolaire de leur enfant : pourquoi resteraient-ils prisonniers d'un système contraignant et injuste ? Le complément de cette liberté de choix pour les familles est l'autonomie accrue pour les établissements, en particulier dans l'enseignement supérieur. Ainsi libérés, le mérite et les talents pourraient s'exprimer. Quant à l'efficacité, c'est une exigence plus que jamais nécessaire, quand la conjoncture économique demande d'utiliser au mieux les moyens publics. Juger de l'efficacité, c'est mettre en regard les moyens et les résultats. Derrière ce discours, ce qui se prépare en réalité, c'est un gel des moyens… que l'on ne peut annoncer aussi crûment.

En tout cas, le président et son ministre de l'Éducation considèrent qu'il y a des progrès à faire et du chemin à parcourir. Ils peuvent s'appuyer sur un constat réel :

Graphique 1. Évolution des effectifs d'élèves et d'enseignants (1995-2007)

En indice base 100 en 1995 (public et privé, métropole + DOM)

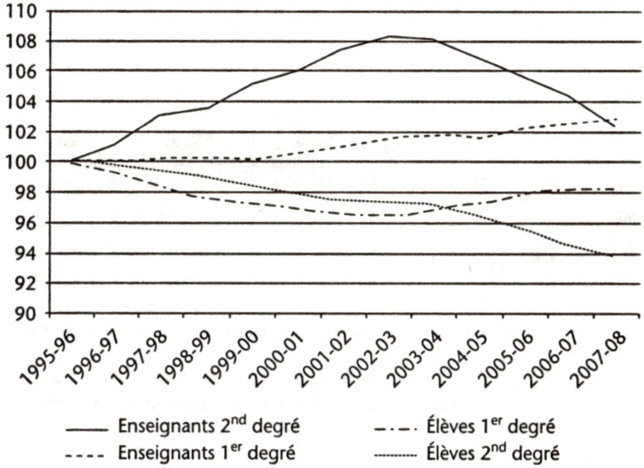

Sources : DEP.

notre système éducatif a bénéficié depuis 1995 de moyens supplémentaires (plus de professeurs), pour un nombre d'élèves réduit (*cf.* graphique 1), sans améliorer ses résultats. Le 16 mai 2008, Xavier Darcos va plus loin et affirme devant le Sénat que « nous avons le système le plus coûteux du monde – ou quasiment – et le moins efficace ». Déclaration tout simplement fausse, qui exagère la situation réelle de la France (*cf.* graphique 2). Mais qui peut laisser entendre que, du moins en France et pour notre système éducatif, dépense rime avec inefficacité. La rupture serait de mettre en place un système éducatif « moins coûteux » et « plus efficace ».

Graphique 2. Performance sur l'échelle de culture scientifique et dépenses par élève

Relation entre la performance en sciences et les dépenses cumulées au titre des établissements d'enseignement consenties par élève entre les âges de 6 et 15 ans et converties en équivalents USD (dollars) sur la base des parités du pouvoir d'achat (PPA)

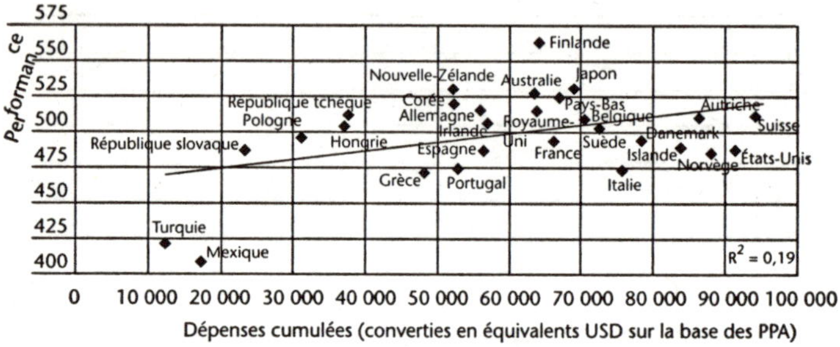

Source : PISA 2006, « Les compétences en sciences, un atout pour réussir », Volume 1 : *Analyse des résultats*, page 68 (OCDE – 2008) [1].

Si la « liberté » et l'« efficacité » sont des ambitions difficilement discutables à un tel degré de généralité, elles risquent de heurter certaines « sensibilités » et de soulever des résistances (craintes d'inégalité accrue, de mise en concurrence, de classements – d'écoles, de maîtres... – plus ou moins malsains). Le discours doit prévenir ces risques. Il s'appuiera donc sur un argumentaire, souvent « chiffré », qui intègre une notion complémentaire, systématique : celle d'une école juste.

Très rapidement, deux mesures sont mises en œuvre : la suppression de la carte scolaire qui « répond à l'exigence

1 <www.oecd.org/edu/eag2008<http://www.oecd.org/edu/eag2008>

de liberté et de justice qu'expriment les Français [2] » et la maîtrise des dépenses (« je refuse que l'école gratuite devienne une école à crédit [3] »), qui passe par la diminution du nombre de fonctionnaires et tout particulièrement d'enseignants dans les lycées (remplacement d'un départ à la retraite sur deux). Deux mesures immédiates, qui ne sont pas les seules manifestations du bouillonnement réformateur qui se met en place : réformes de l'enseignement primaire, du lycée, de la formation des enseignants...

Le tri sélectif des données

L'action s'engage dès 2007. Pour la justifier Xavier Darcos saura marteler les données qui imposent de rompre avec la situation antérieure.

La suppression – baptisée « assouplissement » – de la carte scolaire est présentée comme une évidence qui répond aux attentes des familles. Mais, comme elle fait l'objet de nombreuses réserves ou mises en garde de la part d'experts, chercheurs ou enseignants, le ministre se doit d'apporter à chaque rentrée de nouvelles preuves de son succès. Non seulement les demandes de dérogation augmentent, mais on y répond mieux. À la rentrée 2007, Xavier Darcos affirme que « les taux de satisfaction des demandes des familles progressent en s'établissant

---

2 Xavier Darcos, discours de rentrée du 28 août 2008.

3 *Ibid.*

respectivement à 77 % et 67 % – en sixième et seconde –, en hausse de 10 et 6 points par rapport à l'année précédente ». Et en 2008 : « Les demandes de dérogation ont progressé de 17 % ; elles ont été satisfaites dans 88 % des cas et le nombre d'élèves boursiers ayant obtenu l'affectation qu'ils sollicitaient a progressé de plus de 30 %. » Selon le ministre, le bilan est quantitativement mais aussi qualitativement positif. La carte scolaire était un système absurde et dépassé : sa suppression introduit plus de justice puisque « les boursiers sociaux et les boursiers au mérite sont les premiers bénéficiaires de cette liberté nouvelle [4] ».

La réforme se porte assez vite sur l'école primaire. La volonté présidentielle s'exprime lors du discours prononcé à Périgueux le 15 février 2008. Aussitôt après l'hommage rendu au dévouement des maîtres d'école, les « hussards noirs » de la République, le verdict tombe : « Notre école primaire ne se porte pas bien. » Et d'appuyer ce jugement sur des constats connus : 15 % des élèves sortent du primaire en grande difficulté ; 25 % supplémentaires présentent des acquis fragiles. Au total, 40 % d'une classe d'âge possède un niveau insuffisant à l'entrée en sixième. Et Nicolas Sarkozy d'appeler en renfort les résultats des enquêtes internationales PIRLS et PISA pour proposer trois axes d'action : « des nouveaux

---

4 Discours de rentrée 2007.

programmes ; une nouvelle organisation du temps scolaire ; un nouveau système d'évaluation ».

Il fixe alors des objectifs que Xavier Darcos reprendra à plusieurs reprises : « Diviser par trois, en cinq ans, le nombre d'élèves qui sortent de l'école primaire avec de graves difficultés et diviser par deux le nombre d'élèves ayant pris une année de retard dans leur scolarité : tels sont les résultats que j'attends de la réorganisation du temps scolaire et de la réécriture des programmes du primaire [5]. » Ramenant de 26 à 24 heures l'horaire hebdomadaire dans les classes du primaire (soit un total annuel de 864 heures qui reste supérieur à la moyenne européenne), Xavier Darcos introduit plusieurs mesures à tonalité sociale, visant à lutter contre l'échec scolaire, particulièrement celui des enfants dont les familles ne peuvent avoir recours au « soutien scolaire payant » : accompagnement éducatif dans les établissements de l'éducation prioritaire, stages de remise à niveau. Tandis que la refonte des programmes conjuguée à la baisse de l'horaire hebdomadaire soulève bien des remous dans le primaire, une autre tendance passe plutôt inaperçue, en maternelle : la disparition progressive de la scolarisation à 2 ans permet d'enrayer la pression démographique qui touche maintenant les écoles, et d'économiser ainsi pas mal de postes. Xavier Darcos commettra juste l'erreur, pour la maternelle, de s'interroger sur l'utilité de former des enseignants à bac + 5 pour

5 Discours du 20 février 2008.

changer les couches-culottes des plus jeunes enfants. Dès lors, les remous gagneront aussi les maternelles.

La réduction du nombre d'enseignants demande un minimum de tact et de diplomatie. Xavier Darcos a bien noté que ce qui coûte cher dans notre enseignement, c'est le secondaire et plus particulièrement le lycée. C'est bien là qu'il faut en priorité réaliser des économies et concentrer les attaques. Il reprend à de nombreuses reprises les mêmes constats : « Nous avons (dans le secondaire) un des meilleurs taux d'encadrement au monde : un professeur pour onze élèves » ; « un lycéen français coûte 22 % de plus que la moyenne des pays européens » ; « un lycéen français a jusqu'à trente-cinq heures de cours par semaine ». Le jugement assez sévère qu'il porte au Sénat en mai 2008 (nous sommes les plus chers et les moins efficaces) exagère en fait une double réalité : une dépense pour l'éducation relativement forte en France et l'annonce fin 2007 de résultats plutôt décevants des jeunes Français aux deux évaluations internationales de leurs acquis (PIRLS pour ceux de CM2 et PISA pour les élèves de 15 ans, en fin de scolarité obligatoire). Ce rapprochement permet au gouvernement de conclure à une relative inefficacité, du moins au regard de la moyenne des pays développés, mais le surcoût de l'élève français est surtout vrai au lycée, tandis que la dépense par écolier ou collégien nous classe dans la moyenne internationale, voire en dessous. Il est donc paradoxal de déplorer l'inefficacité de dépenses fortes (au lycée), quand les faibles résultats sont observés en amont (en fin d'école et de collège).

Le lycée concentre une série d'attaques du gouvernement qui justifie ainsi l'urgence d'une réforme. Il coûte cher, il est mal équilibré, il prépare mal aux études supérieures, à l'autonomie. La conférence mondiale de l'Unesco sur l'éducation fournit le 25 novembre 2008 l'occasion pour le ministre de poser clairement son diagnostic : « Je ne puis accepter qu'en France, 150 000 élèves quittent chaque année le système éducatif sans aucune qualification, je ne puis accepter que 15 % des lycéens redoublent la classe de seconde, je ne puis accepter que la moitié des lycéens qui entrent à l'université échoue à obtenir une licence au bout de trois ans. »

Le lycée est donc la cible privilégiée de la politique de restriction budgétaire. Pour minimiser les effets de la réduction du nombre d'enseignants – dont l'ampleur finale n'est pas encore appréciable – et préciser que les lycéens n'en subissent pas les conséquences, le ministre change d'indicateur. Il abandonne ce taux d'encadrement de onze, douze élèves, en moyenne, par enseignant du second degré (situation plus favorable que dans la plupart des autres pays), pour retenir la taille des classes, qui ne bouge pas aux rentrées 2007 et 2008 : vingt-quatre élèves en moyenne par classe de collège, et vingt-huit en lycée. Dans le second degré, effectifs d'enseignants et de classes diffèrent. Et il devient tout à fait possible de réduire plus fortement les premiers que le nombre de classes ou d'élèves (si bien que le ratio élèves/enseignants s'accroît tandis que le ratio élèves/classes reste stable) : pour y parvenir, il suffit de donner plus d'heures de travail aux enseignants (heures supplémentaires) et moins aux élèves (horaires et/ou programmes réduits).

Silence, on communique...

Si l'objectif et le discours politiques sont clairs et bien en place, il convient d'éviter les messages parasites. Pour être efficace et convaincante, la communication doit rester simple, sans le trouble d'une information complémentaire et superflue.

Or il se trouve que l'administration centrale, dont une des missions est de contribuer à l'évaluation permanente du système éducatif, produit une information relativement riche sur l'école. C'est notamment le cas de la Direction chargée de l'évaluation, qui produit, exploite et diffuse les données sur l'éducation. Ses publications, régulières, peuvent venir parasiter la communication. Il s'agit de maîtriser leur parution. De premiers symptômes apparaissent en 2007. Le cabinet du ministre prend le « temps de lire » *L'État de l'école*, dont la sortie ne peut intervenir pour le débat budgétaire à l'Assemblée. Les choses s'amplifient au tournant de l'été 2008. Les *Notes d'information* s'empilent sur les bureaux du cabinet. Les prévisions d'effectifs scolaires attendus aux prochaines rentrées ne seront pas validées et prêtes à temps.

En septembre 2008, le cabinet profite de ce manque de données pour rappeler dans un communiqué de presse que, à la rentrée précédente, sa direction statistique avait prévu plus d'élèves que le nombre effectivement constaté. Façon de dire que l'on peut programmer des réductions de postes puisque le nombre d'élèves continue d'être inférieur aux prévisions. Comme les retards ou blocages commencent à se voir, l'entourage du ministre précise fin 2008 que « toutes les notes de la direction statistique de son ministère n'ont pas vocation à être rendues publiques. Certaines sont réservées au ministre [6] ». Puis, face à l'inquiétude grandissante de certains observateurs, il croit bon d'indiquer qu'il est « totalement faux que nous bloquions les publications [7] ». La note sur la violence à l'école est publiée, mais pendant les vacances scolaires ; celle sur les acquis des élèves attendra que les nouvelles opérations nationales d'évaluation soient passées. Si le ministre estime le 22 janvier 2009 que, pour les Français, « savoir est un droit », il apparaît de plus en plus évident que l'information statistique doit surtout cultiver une autre qualité : la discrétion.

L'Inspection générale de l'Éducation nationale souffre des mêmes maux. Pour elle aussi, le tournant de l'été 2008 est dur et ses rapports discrets. Lorsqu'elle va diffuser les premières conclusions « confidentielles » sur les effets de la disparition de la carte scolaire, la riposte du ministre sera immédiate et sévère. C'est un mauvais rapport, qui n'a pas su prendre le temps nécessaire.

---

6 Dépêche AEF (Agence d'informations spécialisées) du 21 octobre 2008.

7 Dépêche AEF du 7 janvier 2009.

Cette situation ne passe pas inaperçue. Le 27 juin 2008, *Libération* indique que « les affirmations chiffrées du ministre sont parfois vraies, souvent incomplètes, voire biaisées, quand elles ne sont pas carrément fausses ». Quelques mois plus tard, *Le Point* titre dans son édition du 4 décembre sur « Tout ce que l'on n'ose pas dire sur les profs », et laisse entendre que l'on nous cache volontairement quelque chose. Moyennant quoi, l'article tire parti du communiqué du cabinet de septembre pour conclure que « les prévisions de la direction statistique du ministère ne valent pas tripette ».

Avec un argumentaire plus étoffé, l'avis du Sénat sur le projet de loi de finances 2009 n'est pas avare de remarques acides. D'abord concernant l'absence de publication des effectifs scolaires pour 2008, il indique que « selon les informations communiquées à votre rapporteur, l'écart entre prévisions et constats atteindrait au total près de 100 000 élèves sur deux ans… mais votre rapporteur n'a pu vérifier ces informations, certaines données n'étant pas encore disponibles ». Le doute s'installe : « La prise en compte des évolutions démographiques n'apparaît que peu lisible. » La critique fuse – « une révision de l'appareil statistique du ministère semble donc nécessaire » – et n'épargne pas les indicateurs fournis, « souvent lacunaires ou peu fiables ».

Flous et interrogations sur l'enseignement primaire

La réforme du primaire est engagée et il faudra en évaluer les résultats. Mais au moins trois points posent question : la démographie, les élèves en difficulté et la mixité sociale.

La démographie. Faute de publications régulières sur les prévisions à court et moyen termes, une incertitude subsiste sur l'évolution des effectifs d'écoliers. Pourtant, il y a bien depuis 2000 une reprise démographique sensible et incontestable en France. Et plus d'enfants donneront plus d'élèves dans les années à venir. Les statistiques de l'Insee indiquent que, de 2000 à 2007, on a enregistré en France métropolitaine 350 000 naissances de plus que pendant les huit années précédentes. Cette poussée a pour l'instant été, en maternelle, largement atténuée par le recul de la préscolarisation à deux ans. Face à la reprise, attendue mais non chiffrée, des effectifs, quelle sera la politique de recrutement de nouveaux enseignants ?

Les élèves en difficulté. Dans son discours de Périgueux le 15 février 2008, Nicolas Sarkozy avait jugé la situation de l'enseignement primaire « très préoccupante ». Il y a bien un problème de difficultés scolaires qui se pose dès les premières années d'études, et qui tend même à s'aggraver. Pourquoi dans ces conditions avoir bloqué pendant des mois la parution d'une note qui en mesurait des évolutions dans le temps ? L'objectif assigné est « simple et ambitieux » : diviser par trois, d'ici la fin de la mandature, le taux d'échec scolaire ; arriver à ce qu'au maximum « 5 % des élèves quittent le CM2 sans maîtriser les connaissances de base ». Il s'agit donc d'inverser la tendance actuelle, avec des engagements forts du président : « La Nation n'aura pas à rougir de la copie que nous lui rendons, [...] il faut concentrer tous nos efforts et toutes nos exigences sur les résultats, [...] nous allons doter notre école primaire d'un véritable système d'évaluation. »

L'outil d'évaluation est clairement désigné : il s'agit des nouvelles enquêtes mises en place au CE1 et au CM2, dont les premières se sont déroulées fin janvier 2009. Elles se dérouleront chaque année dans toutes les classes. Elles doivent répondre à la volonté de suivre dans le temps la proportion de jeunes en difficulté et/ou qui ne maîtrisent pas les compétences de base, censée passer de 15 % à 5 %. Ce qui pose au moins deux conditions lourdes : fixer un seuil de « difficultés » cohérent avec celui qui avait été retenu précédemment, en dessous duquel se situaient 15 % des élèves, et contrôler sa stabilité dans le temps. Il suffirait que ce seuil soit déplacé et que les épreuves varient dans le temps pour vider de leur sens les résultats obtenus, dont on ne saurait dire s'ils mesurent l'évolution du niveau des élèves ou celle des évaluations. Les nombreuses critiques portées sur ces nouvelles évaluations (date de passation, modalités de correction, remontées incomplètes et aléatoires, formulation des questions...) conduisent à émettre d'ores et déjà des doutes sérieux sur la fiabilité de l'outil mis en place pour évaluer et suivre dans le temps les proportions d'élèves en difficulté.

La mixité sociale. Nicolas Sarkozy et Xavier Darcos entendent corriger les inégalités sociales : trop présents parmi les populations d'élèves en échec ou en retard, les enfants de milieux populaires ou défavorisés sont à l'inverse sous-représentés (même au regard de leurs résultats scolaires) dans les filières sélectives.

Le président et son ministre ont mis en place le soutien scolaire, que tous sont en droit d'obtenir gratuitement au sein même des écoles et collèges, et veulent aider les boursiers à trouver la réussite correspondant à leur mérite. Dans le premier degré, après des années de disette et d'absence d'enquête auprès de l'ensemble des écoles, la mise en place d'une « Base élèves » laissait entrevoir des progrès significatifs dans la connaissance des parcours des différentes catégories d'élèves. L'inquiétude soulevée par le risque d'utilisation de ces fichiers individuels à des fins autres qu'éducatives ou statistiques a conduit le ministère à alléger très fortement leur contenu. La profession des parents ne sera pas renseignée. Difficile dans ces conditions de vérifier comment le « choix » des écoles, dans le cadre d'une carte scolaire assouplie, et la réussite scolaire vont varier et évoluer en fonction de l'origine sociale.

Les principes de l'action politique engagée en matière d'éducation sont clairs : rompre avec un système dépensier et peu efficace. Le premier point est acquis : l'éducation sera, comme d'autres départements ministériels, soumise aux contraintes budgétaires et le nombre d'enseignants sera réduit au fil des ans. Le second l'est moins. L'efficacité pourrait découler des plus grandes marges de liberté accordées au système éducatif. Les statisticiens se demandent s'ils bénéficieront d'une semblable liberté, comme des outils et moyens nécessaires, pour pouvoir mesurer et diffuser l'information sur les résultats atteints et les progrès accomplis.

6

Immigration : controverses… dans un désert statistique

Au début de son mandat de ministre de l'Immigration, de l'Intégration, de l'Identité nationale et du Codéveloppement, Brice Hortefeux a reçu une lettre de mission [1] adressée le 9 juillet 2007 par le président de la République et le Premier ministre.

On y relève par exemple : « Vous vous fixerez des objectifs exigeants en termes de reconduite à la frontière » et : « Vous viserez l'objectif que l'immigration économique représente 50 % du total des entrées à fin d'installation durable en France. » D'autres missions sont évoquées, comme la lutte contre les filières d'immigration, le « recrutement » d'étudiants étrangers en veillant à « diversifier

1 <http://www.elysee.fr/elysee/elysee.fr/francais/interventions/2007/juillet/lettre_de_mission_adressee_a_m_hortefeux_ministre_de_l_immigration_de_l_integration_de_l_identite_nationale_et_du_codeveloppement.79040.html>

leur origine » et à augmenter leur nombre « dans les disciplines scientifiques ».

Le président ajoute : « Sur l'ensemble des points de cette lettre de mission, vous nous proposerez des indicateurs de résultat [...]. Nous souhaitons que figurent, parmi ceux-ci, notamment, le rééquilibrage des flux de l'immigration économique par rapport aux autres motifs d'immigration, l'évolution du nombre des entrées nouvelles, l'insertion sociale et professionnelle des immigrés en situation légale, le démantèlement des filières clandestines d'immigration, la lutte contre le travail clandestin et l'augmentation du nombre des reconduites à la frontière, la signature d'accords d'immigration concertée [...]. Vous n'hésiterez pas, à cet effet, à créer une direction de la statistique au sein du ministère que vous avez la charge de bâtir. »

Un service statistique a bien été créé. Mais sa mise en place a eu pour première conséquence la disparition des rapports sur les entrées d'étrangers qui existaient avant la création du ministère : celui de la Direction de la population et des migrations (auparavant rattachée au ministère des Affaires sociales et maintenant disparue) et celui de l'Observatoire statistique de l'immigration. On ne trouve plus non plus les données détaillées qui figuraient sur le site du ministère de l'Intérieur. Début 2009, seul le site de l'Office français pour la protection des réfugiés et apatrides (OFPRA) mettait en ligne des statistiques [2].

---

2 <http://www.ofpra.gouv.fr/documents/Rapport_OFPRA_2007_BD.pdf>

Le seul[3] document disponible est le rapport sur « Les orientations de la politique d'immigration » établi par le Comité interministériel de contrôle de l'immigration et le dernier date de décembre 2008[4]. Outre que ce rapport a pour vocation de présenter la politique gouvernementale de manière favorable, il utilise de nouveaux modes de calcul interdisant la comparaison des données qu'il diffuse avec celles publiées auparavant. Mais gageons que ceci n'est que provisoire et que l'information sera de nouveau bientôt disponible.

Alors que reste-t-il ? La presse, notamment les tribunes libres, les rapports parlementaires, les sites des associations et... les conférences de presse du ministre. Pour ces dernières, il vaut mieux en avoir gardé une trace, car le nouveau ministre, Éric Besson, a imprimé sa marque sur le site du ministère et on ne trouve plus rien sur les activités de son prédécesseur.

La lettre de mission a clairement servi de feuille de route à Brice Hortefeux. Avant de revenir sur les chiffres annoncés par ce dernier lors de son ultime conférence de presse en tant que responsable de la politique d'immigration, voici quelques rappels sur les sources utilisées. Que l'on compte les premiers titres de séjour ou les visites médicales que

---

3 On trouve aussi des données sur les flux d'immigration sur le site de l'Ined : <http://www.ined.fr/fr/pop_chiffres/france/flux_immigration/>

4 <http://lesrapports.ladocumentationfrancaise.fr/BRP/094000036/0000.pdf>

doivent passer la plupart des étrangers admis au séjour, il s'agit de données administratives et, comme toutes les données administratives, elles varient quand la législation change et quand l'activité des services fluctue : ainsi, en 2005, le nombre de décisions d'accord de la Commission des recours pour les réfugiés (CRR) a bondi à 9 600, contre 5 000 en 2004 et 4 500 en 2006, gonflant ainsi le nombre de statuts de réfugiés accordés. Il ne fallait pas y voir l'effet d'une volonté d'accueillir plus facilement les immigrés venus pour des raisons humanitaires, plus simplement, cette année-là, la CRR avait fait un effort pour réduire le nombre de dossiers en attente.

La controverse la plus médiatisée : les reconduites à la frontière

Tout a été dit sur les effets pervers et quelquefois dramatiques de l'acharnement mis à atteindre l'objectif [5]. Aussi nous bornerons-nous à regarder les chiffres, enfin ceux communiqués par le ministre puisqu'il n'y a pas d'autres données officielles. Brice Hortefeux annonce 29 796 reconduites en 2008, en hausse de 28,5 % par rapport à 2007. Même si ce n'est pas dit explicitement, il semble que ces données portent sur la métropole, puisque le ministre parle des 25 568 étrangers en situation irrégulière qui ont été « éloignés à partir des départements et

---

5 Patrick WEIL, « Politique d'immigration : le dessous des chiffres », *Le Monde*, 14 janvier 2009.

collectivités d'outre-mer ». Il ajoute aussi une touche exotique en parlant des 256 « kwassas-kwassas », ces fragiles bateaux de pêche sur lesquels s'embarquent les candidats à l'immigration, interceptés dans les eaux mahoraises.

Parmi les 29 796 reconduites citées par le ministre, 10 072 sont en fait des départs volontaires (les volontaires sont-ils reconduits ?) et 19 724 des départs contraints. Comme le ministre détaille les pourcentages d'évolution de chaque catégorie, un calcul simple permet de reconstituer le nombre de départs contraints en 2007 : 19 874 ! Le président de la République sait-il que le nombre d'expulsions est stable ? Répondant aux questions des journalistes [6], le ministre a reconnu que la quasi-totalité de ces 10 072 retours volontaires concernait des Roumains (8 470) et des Bulgares (952) et l'on sait qu'ils peuvent revenir à tout moment, étant membres de l'Union européenne. Reste 650... Question supplémentaire : où sont comptées les « non-admissions » à la frontière, autrement dit ceux qui sont refoulés à leur arrivée ?

La controverse la plus sophistiquée : l'immigration économique

« L'objectif fixé par le président de la République est clair : à terme, l'immigration économique

6 *L'Express*, 13 janvier 2008.

devra représenter 50 % du flux total des entrées à fin d'installation durable en France quand elle n'est aujourd'hui que de 7 %[7]. » Objectif difficilement atteignable, sauf si l'on change le mode de calcul… Le Rapport au Parlement de décembre 2007[8] émet plusieurs idées. D'abord, diminuer l'effectif qui sert de référence au dénominateur pour ce calcul. Pour ce faire, ne seraient pas comptées :

– les « attributions du statut de réfugié, car il ne s'agit pas d'immigration et, en tout état de cause, l'asile ne saurait être soumis ou participer directement ou indirectement à des régulations quantitatives » ;

– « l'admission au séjour des étrangers malades en raison de la nature essentiellement provisoire de cette composante des flux migratoires » ;

– et, éventuellement, les entrées en France dans le but d'y faire des études, car, même s'ils sont susceptibles de durer un an, voire plusieurs années, « les séjours de cette espèce sont essentiellement temporaires ». Les rapporteurs reconnaissent toutefois que « cette dernière question mérite d'être approfondie dès lors que la loi du

---

7 Assemblée nationale, « Audition de Brice Hortefeux sur le projet de loi relatif à la maîtrise de l'immigration, à l'intégration et à l'asile », *Rapport n° 160*, septembre 2007.

8 Secrétariat général du Comité interministériel de contrôle de l'immigration, *Les Orientations de la politique d'immigration. Rapport au Parlement (quatrième rapport établi en application de l'article L. 111-10 du code de l'entrée et du séjour des étrangers et du droit d'asile)*, La Documentation française, Paris, 2007.

24 juillet 2006 relative à l'immigration et à l'intégration a ouvert à certains étudiants étrangers (ceux ayant obtenu en France un diplôme au moins équivalent au master) la possibilité de se maintenir en France pour y exercer une activité professionnelle. Il serait donc possible de prendre en compte [...] certains étudiants étrangers comme relevant de l'immigration économique ». Évidemment, au moment de leur entrée en France, leur futur cursus est inconnu, il faudrait donc évaluer leur nombre forfaitairement, mais le rapport ne dit rien sur la méthode à utiliser.

Une fois le dénominateur réduit, il reste à gonfler le nombre des immigrés pour motif professionnel qui constitue le numérateur. Il comprendrait ce qu'on compte aujourd'hui dans l'immigration économique : titulaires de la carte « compétences et talents », actifs non salariés, scientifiques, artistes, salariés, salariés en mission. On y ajouterait les nouveaux titres pluriannuels de saisonniers – ces étrangers ne restent qu'un nombre limité de mois mais leur titre est valable trois ans – et les titulaires d'un titre de « visiteur ». Ces derniers se sont engagés à n'exercer aucune activité professionnelle, mais comme ils doivent justifier de leurs revenus pour être autorisés à séjourner en France, ils pourraient être comptés comme « immigrants économiques » puisqu'ils contribuent positivement par leur consommation à la prospérité économique du pays. Dans le texte : « participant à la demande ».

Pour ne rien négliger, on compléterait l'effectif du numérateur par « les admissions au séjour, sur d'autres motifs, d'étrangers dont le niveau d'employabilité en France est supérieur à un minimum, à définir [9] ». Et, pour être sûr de faire bon poids, on compléterait par l'effectif des étudiants obtenant un titre de séjour de salarié et par une part forfaitaire – mais élevée – de l'immigration venue des nouveaux États membres de l'Union européenne.

Un chiffrage des conséquences de cette nouvelle définition a été réalisé [10]. En ne comptant que le changement de catégorie, c'est-à-dire une définition extensive des travailleurs, la part de l'immigration économique passerait instantanément à 26 % (+ 24 000 au numérateur et – 53 000 au dénominateur). En ajoutant les étudiants changeant de statut – estimés à 5 000 –, on augmente encore le ratio. Il suffit alors de déclarer 25 % des entrées pour motif familial pour atteindre l'objectif, et même le dépasser en complétant l'effectif du numérateur de l'immigration européenne certifiée « économique ».

Difficile de dire si cet indicateur est utilisé actuellement. Dans sa conférence de presse de janvier 2009, le ministre annonce la délivrance en 2008 de 33 000 cartes de séjour correspondant à une immigration professionnelle, sans préciser l'évolution depuis 2007. Selon le ministre, ceci correspondrait à environ 20 % du total des

---

9 *Ibid.*

10 Xavier THIERRY, « Migrations : le défi statistique européen », *Futuribles*, n° 343, juillet-août 2008.

« entrées à fin d'installation durable » pour des motifs professionnels, contre 14 % en 2007.

Question : sachant que 10 711 cartes de séjour ont été délivrées en 2006 pour motif professionnel [11], que le gouvernement a fait son possible pour promouvoir l'immigration économique en ouvrant une liste de 150 métiers aux Roumains et aux Bulgares, que les annonces promettant le recrutement facile de Roumains fleurissent sur Internet, qu'à aucun moment n'est précisé le périmètre des nationalités prises en compte, peut-on croire au triplement des entrées pour motif professionnel sans artifice de calcul ?

L'affirmation la plus caricaturale : l'immigration clandestine [12]

Dans une interview donnée en exclusivité au *Figaro magazine* le 19 janvier 2008, Brice Hortefeux, ministre de l'Immigration, affirme : « Le nombre de clandestins – que l'on situe habituellement entre 200 000 et 400 000 – a diminué en France pour la première fois depuis une génération. » Pressé par les journalistes, il affirme : « Quatre indicateurs me permettent de penser que, au total, le

11 Secrétariat général du Comité interministériel de contrôle de l'immigration, *Les Orientations de la politique d'immigration. Rapport au Parlement*, *op. cit.*, p. 76.

12 Pour les chiffrages par les politiques de l'immigration irrégulière voir Bruno Aubusson de Carvalay, « Les démographes doutent mais les politiques savent », *Plein Droit*, n° 77, juin 2008.

nombre de clandestins a diminué d'environ 6 %. » Le ministre cite : une baisse de 4 % des bénéficiaires de l'aide médicale d'État entre septembre 2006 et septembre 2007 ; 105 000 éloignements (reconduites à la frontière) depuis 2002 ; 205 000 étrangers refoulés aux frontières depuis cette même date ; la baisse du nombre de demandeurs d'asile déboutés, de 32 000 en 2006 à 26 400 en 2007. « Alors pourquoi 6 % ? Appliqué à la fourchette 200 000-400 000, ce pourcentage donne une plage de 12 000 à 24 000 clandestins de moins, que l'on pourra aller rechercher chez ceux qui ont été refoulés, n'ont pas demandé l'asile pour être déboutés ensuite, ont été reconduits à la frontière, toutes variations en plus ou en moins dont il est difficile de donner un solde. D'ailleurs, le ministre se garde bien d'évoquer le nombre inconnu de base, celui des entrées annuelles de clandestins [13]. »

En janvier 2009, Brice Hortefeux s'est montré moins prolixe et de ce fait moins drôle : après avoir détaillé le nombre de reconduites à la frontière et en s'appuyant sur la baisse (– 4,2 %) du nombre de bénéficiaires de l'aide médicale d'État (AME), le dispositif qui permet l'accès aux soins des personnes sans papiers, il a affirmé que « pour la première fois depuis une génération, l'immigration clandestine a commencé à décroître en France ». L'Observatoire du droit à la santé des étrangers proteste contre cette instrumentalisation rappelant que « le

13 *Ibid.*

nombre de bénéficiaires de l'AME n'est pas connu avec précision comme l'indiquent le Comité interministériel de l'immigration (décembre 2007) ainsi que les Inspections générales des finances et des affaires sociales (mai 2007). Cette approximation s'explique notamment par le fait que le dispositif peut comptabiliser des personnes en situation régulière ou la même personne plusieurs fois [14] ». Les associations rappellent, en outre, que les conditions de l'accès à l'AME ont été durcies, dans le cadre de la « rénovation » de l'AME, puisque l'étranger doit maintenant prouver qu'il réside en France depuis trois mois, entraînant une baisse du nombre de bénéficiaires sans grand rapport avec l'immigration clandestine.

Les trous noirs : l'immigration familiale et les naturalisations

Sur l'immigration familiale, le ministre est très laconique : « Grâce à notre action, l'immigration familiale décroît. » En 2007, sa baisse est de 10,6 % et elle affecte toutes les catégories : familles de Français, regroupement familial et cartes de séjour portant la mention « liens personnels et familiaux ». Mais aucun détail n'est donné : la baisse affecte-t-elle surtout les conjoints de Français ? Et, dans ce cas, assiste-t-on corrélativement à

---

14 <http://www.actions-traitements.org/spip.php ?article2381>

une baisse des visas accordés pour ce motif ? À quoi est due la diminution du nombre de personnes admises au titre du regroupement familial ? À la baisse du nombre de demandes ?

Selon *Le Monde* [15], le ministre s'est trompé : l'immigration pour motif familial baisse mais légèrement : – 1,4 %. Et encore cette baisse est-elle due uniquement à celle de la catégorie « liens personnels et familiaux ». Cette dernière catégorie est destinée aux étrangers dont les liens personnels et familiaux sont tels que le refus d'autoriser le séjour porterait au droit au respect de la vie privée et familiale une atteinte disproportionnée au regard des motifs de refus (article 12 *bis* 7). Or tout laisse à penser que cette catégorie qui sert pour les régularisations a été délaissée au profit de l'immigration professionnelle, comme la dernière loi sur l'immigration l'autorise, afin de mieux atteindre l'objectif fixé dans ce domaine. En revanche, le nombre d'étrangers entrés au titre du regroupement familial, c'est-à-dire venus rejoindre un conjoint ou un parent étranger en situation régulière, est très stable (– 0,3 %) : autour de 16 600, comme celui des membres de famille de Français (50 700).

Le ministre de l'Immigration, de l'Intégration, de l'Identité nationale et du Développement solidaire ne dit pas un mot des naturalisations. Est-ce en raison de

---

15 Laetitia Van Eeckhout, « Le bilan 2008 des flux migratoires contredit les chiffres du ministère », *Le Monde*, 17 février 2009.

l'absence d'objectif ou parce que sa lettre de mission n'en parle pas ? Pourtant, le projet de transfert de l'instruction du dossier de la sous-direction des naturalisations à la préfecture inquiète les élus et les associations [16]. On aimerait aussi en savoir plus sur les délais d'instruction des dossiers qui, semble-t-il, se comptent en années [17].

Réduire le chômage, baisser le taux de pauvreté, augmenter le pouvoir d'achat... Dans tous ces exemples, il s'agit pour les pouvoirs publics de modifier la présentation des chiffres, d'inventer des indicateurs pour prouver l'efficacité de leur action afin d'atteindre un objectif consensuel. Mais, dans le cas de l'immigration, les objectifs mêmes méritent un débat, qu'il s'agisse de l'immigration choisie, de la baisse de l'immigration familiale, etc. Doit-on critiquer les méthodes de présentation, se réjouir que les départs soient volontaires plutôt que contraints, ou en sourire ? Ce qui est certain, c'est que le camouflage de la réalité n'est jamais souhaitable en démocratie.

---

16 <http://www.gisti.org/spip.php ?article1348>. Voir aussi Laetitia VAN EECKHOUT, « Élus, agents et spécialistes de l'immigration s'inquiètent d'un projet de réforme des procédures de naturalisation », *Le Monde*, 29 juin 2008.

17 Patrick WEIL, « Politique d'immigration : le dessous des chiffres », *loc. cit.*

7

Comment fabriquer les bons « chiffres de la délinquance » ?

La France possède une statistique judiciaire publiée annuellement depuis 1827. Mais, au milieu des années 1970, c'est la statistique policière qui lui a ravi la vedette et a fait office de nouveau « thermomètre » sur les questions de délinquance. Jusqu'à ces dernières années, au mois de janvier, le rituel était attendu : le ministre de l'Intérieur allait « dévoiler » les « chiffres de la délinquance » de l'année écoulée. S'ils étaient en baisse, il y voyait la conséquence de son action énergique. S'ils étaient en hausse, il y voyait la preuve que son ministère devait obtenir des moyens supplémentaires dans la lutte contre la criminalité. Mais, au cours des années 1990, à mesure que le thème de la sécurité redevenait premier dans l'agenda politico-médiatique, la publication de ces chiffres a pris une importance de plus en plus grande. En 2001 et 2002, les campagnes électorales se sont jouées principalement sur ces thèmes. Nommé ministre de l'Intérieur en 2002, Nicolas Sarkozy a parfaitement compris l'intérêt qu'il y avait non seulement à contrôler la communication sur ces chiffres, mais également à tenter de s'assurer le contrôle de leur production même, de façon à se garantir qu'ils soient toujours bons et dociles... De 2002 à 2009, on peut estimer que le gouvernement y est parvenu, au prix d'une reprise en main de la production administrative des données (surveillée tout au long de la chaîne hiérarchique) et d'une présentation médiatique (une « communication ») de plus en plus partielle et partiale, à l'occasion quasiment mensongère.

Comment obtenir les bons chiffres ?

Les prétendus « chiffres de la délinquance » dont il est généralement question sont en réalité les statistiques de police et de gendarmerie, c'est-à-dire le produit de l'enregistrement de la part des faits de délinquance qui sont connus (signalés par les victimes ou découverts par les fonctionnaires) et de l'activité répressive (élucidation, gardes à vue, transmission aux parquets) des policiers et des gendarmes. En d'autres termes, il est demandé à ces fonctionnaires de fournir eux-mêmes les éléments de leur évaluation et, par là, de celle du gouvernement. Plus clairement encore : on demande aux policiers et aux gendarmes d'obtenir les résultats demandés à l'avance par le ministre, en fournissant eux-mêmes les éléments pour s'assurer qu'ils ont bien rempli leur mission. Cela s'appelle être juge et partie. Pour bien faire passer le message, à partir de 2002, on convoquera les chefs de service pour leur rappeler que leur avancement de carrière est en jeu et on motivera les hommes de troupe par un discours très valorisant, par des conditions de travail matérielles et juridiques renforcées et par des primes au mérite (décret du 21 octobre 2004).

Dans ces conditions, policiers et gendarmes ont-ils correctement joué leur rôle ? À court terme, la réponse ne fait aucun doute. La rupture statistique fut instantanée ! À peine Nicolas Sarkozy était-il installé dans son bureau de la Place Beauvau, et avant même qu'il ait pu rédiger la moindre circulaire ou signer le moindre décret, que la statistique, après des années de hausse continue, indiquait pour le mois de mai 2002 une baisse miraculeuse de 0,69 % en « zone police » (et même de 1,6 % pour la très zélée préfecture de police de Paris). Le mois suivant, la baisse devenait spectaculaire et atteignait 7,38 % chez les policiers (8,6 % à Paris). À la fin de l'année, la statistique indiquait encore une hausse totale de 1,28 %, pour toute l'année 2002 mais c'était à cause des gendarmes moins prompts à exécuter les vœux du ministre. De fait, les gendarmes résisteront jusqu'au mois de janvier 2003, après quoi leur discipline militaire sera sans faille. À tel point que, sur l'ensemble de la période 2002-2007, ce sont eux qui ont le plus œuvré à la baisse générale de la délinquance. Nul n'accuse les fonctionnaires de police et de gendarmerie de malhonnêteté. Il s'agit plutôt de comprendre comment, lorsqu'on est mis devant un impératif de résultat, on s'organise pour y parvenir. Il y a au fond deux manières : user des ressources internes à l'outil d'enregistrement statistique et faire des modifications dans l'activité qui sera par la suite enregistrée par cet outil.

Les ressources internes à l'outil d'enregistrement statistique sont connues [1]. S'il faut faire baisser les chiffres, on peut refuser d'enregistrer des plaintes, enregistrer dans le seul registre de main courante (qui n'est pas pris en compte dans la statistique), déqualifier un délit en contravention, rassembler plusieurs faits dans un seul enregistrement, retarder la transmission au-delà de la clôture mensuelle de l'enregistrement. Ceci permet de s'accommoder de ce qui est à la fois la source principale d'alimentation de cette statistique et ce que les policiers et gendarmes maîtrisent le moins : les plaintes des victimes. Ensuite, ils peuvent plus facilement agir sur ce qui dépend directement de leurs propres initiatives en matière de contrôle de la délinquance. Ainsi, s'il faut faire baisser la délinquance mais aussi faire augmenter les taux d'élucidation, de garde à vue et de présentation de suspects à la justice, alors le plus efficace est de se concentrer sur certaines cibles « rentables ». Au lieu de perdre beaucoup de temps avec des affaires où l'on a peu de chances de trouver les auteurs, mieux vaut s'investir

---

1 Jean-Hugues MATELLY et Christian MOUHANNA, *Police : des chiffres et des doutes. Regard critique sur les statistiques de la délinquance*, Michalon, Paris, 2007.

dans des affaires où l'on est sûr de les interpeller et de les confondre.

Enfin, à côté de ces marges de manœuvre, les actes délinquants et leurs dénonciations par les victimes évoluent pour des raisons de fond qui n'ont rien à voir avec l'activité policière mais dont les tendances à moyen terme ont nécessairement aussi des impacts (parfois majeurs) sur la statistique policière.

Les règles du jeu étant connues, reste à observer comment la partie s'est déroulée.

Une évolution générale de la délinquance enregistrée depuis 2002...

Entre 2002 et 2007, le total des crimes et des délits constatés par les services de police et de gendarmerie a bel et bien baissé de 12,8, %, passant de 4,11 à 3,59 millions de faits. Cette statistique retrouve ainsi pratiquement le niveau qu'elle avait atteint en 2000 (ainsi que, d'ailleurs, en 1984 et en 1991). Le chiffre de 2007, loin d'être révolutionnaire, constitue plutôt un retour à un état antérieur.

Dans le détail (tableau 1), on constate que ce sont essentiellement les vols qui ont baissé entre 2002 et 2007, tandis que beaucoup d'autres catégories d'infractions ont augmenté, parfois fortement. Mais ces vols sont si importants sur le plan numérique que leur évolution suffit à elle seule à déterminer l'allure générale de l'ensemble. Plus précisément, cette baisse provient

Tableau 1. L'évolution des faits constatés par la police et la gendarmerie

	1997	2002	2007	2002-2007
Ensemble des vols	2 244 301	2 507 027	1 939 570	–22,6 %
• dont cambriolages	407 385	432 593	312 384	–27,8 %
• dont vols liés à l'automobile et aux deux-roues	1 059 401	1 084 191	694 981	–35,9 %
• dont vols avec violence sans arme contre les particuliers	69 478	121 309	105 905	–12,7 %
• dont vols simples contre les particuliers	473 941	628 557	607 176	– 3,4 %
Infractions économiques et financières	295 511	355 342	345 416	– 2,8 %
Atteintes aux personnes	214 975	303 552	386 603	+27,4 %
• dont coups et blessures non mortels	81 636	125 198	175 886	+40,5 %
• dont atteintes aux mœurs	35 090	37 813	39 135	+3,5 %
• dont infractions contre la famille et l'enfant	38 075	47 926	53 394	+11,4 %
• dont menaces ou chantages	38 769	61 983	77 522	+25,1 %
• dont atteintes à la dignité et à la personnalité	12 961	17 739	28 559	+60,7 %
Infractions à la législation sur les stupéfiants	86 961	108 121	157 008	+45,2 %
• dont trafic	8 300	5 165	5 797	+12,2 %
• dont simple usage	63 003	81 110	121 232	+49,5 %
Infractions à la police des étrangers	47 021	57 643	98 332	+70,6 %
Destructions et dégradations de biens	476 133	589 278	462 395	–21,5 %
Infractions sur personnes dépositaires de l'autorité publique	31 506	49 262	56 848	+15,4 %
Autres	97 034	143 657	143 121	– 0,4
Total	3 493 442	4 113 882	3 589 293	–12,8 %

Source : ministère de l'Intérieur.

d'une part des vols liés à l'automobile et aux deux-roues, d'autre part des cambriolages. Ce sont d'abord ces deux sous-ensembles qui tirent vers le bas les chiffres, autorisant l'argumentation ministérielle sur sa réussite globale. Ils interdisent cependant de la suivre dans son explication. En effet, la baisse des vols liés à l'automobile avait commencé avant 2002, de même que celle des cambriolages. Malgré des fluctuations et une brusque remontée en 2001 (à la veille des élections...), les courbes sont globalement orientées à la baisse depuis 1993. Ces évolutions ne sont, du reste, pas propres à la France mais se constatent chez la plupart de nos voisins européens. En réalité, les facteurs qui jouent ici sont extérieurs à l'action policière, c'est sans doute principalement la meilleure protection des véhicules et des domiciles des particuliers.

Constatons ensuite une hausse très importante des atteintes aux personnes. C'est, on le sait, le talon d'Achille du discours des ministres de l'Intérieur depuis 2002, les opposants politiques et une partie des journalistes n'ayant cessé d'y insister lorsqu'ils voulaient relativiser l'autosatisfecit des premiers. Pourtant, l'action des forces de l'ordre n'est pas davantage responsable de cette hausse qu'elle ne l'est de la baisse des vols de voitures. Pour quatre raisons.

Premièrement, cette augmentation des atteintes aux personnes ne spécifie pas la période 2002-2007. La continuité avec la période précédente est au contraire évidente.

Deuxièmement, alors qu'elles confirment *grosso modo* les tendances à la baisse de la statistique policière en matière de vols et de cambriolages, les enquêtes de victimation [2] les contredisent en matière de violences physiques. Depuis la fin des années 1990, la proportion de personnes déclarant avoir été victimes d'une agression *physique* au cours des deux années précédentes est globalement stable. La seule tendance à la hausse corroborée par les enquêtes concerne les violences *verbales* [3].

Troisièmement, l'enregistrement de la délinquance est également affecté par l'évolution législative. La délinquance que poursuivent les forces de l'ordre est définie par le droit pénal. Dès lors, lorsque le droit change (modifiant la définition des infractions), la délinquance change aussi. Or, depuis le début des années 1990, le législateur n'a cessé de modifier le droit pour durcir la répression des atteintes aux personnes. Dès lors, les policiers et les gendarmes peuvent aujourd'hui poursuivre des comportements qui l'étaient difficilement par le passé, et ils voient se présenter à leurs guichets des victimes qui ne pouvaient pas être conçues comme telles par le passé.

---

2 Les enquêtes de victimation, réalisées sur des échantillons représentatifs de la population que l'on interroge sur ce qu'ils ont subi dans un temps défini même lorsqu'ils n'ont pas porté plainte, sont ainsi beaucoup plus proches de la réalité que la statistique policière.

3 Renée Zauberman, Philippe Robert, Sophie Nevanen, Emmanuel Didier, « L'évolution de la délinquance d'après les enquêtes de victimation, France 1984-2005 », *Déviance et société*, 2008, 4, p. 435-471.

Quatrièmement, derrière cette évolution législative, c'est en réalité toute notre société qui opère depuis une trentaine d'années une véritable mutation dans son rapport à la violence, en transformant le *statut* de la violence, en la stigmatisant de plus en plus, en la délégitimant de plus en plus [4]. De là un paradoxe qui n'est qu'apparent : le sentiment général d'une augmentation des comportements violents peut parfaitement accompagner un mouvement d'accélération de leur dénonciation mais aussi de stagnation, voire de recul, de leur fréquence réelle.

... qui doit finalement peu de choses à l'action des policiers et des gendarmes

Tandis que les évolutions des atteintes aux biens et aux personnes sont donc, pour l'essentiel, indépendantes de l'activité des policiers et des gendarmes, il n'en va pas de même pour celles des « délinquances d'ordre public ». La raison en est simple : ces dernières relèvent principalement de l'initiative policière, qu'il s'agisse des contrôles effectués sur la voie publique ou des opérations de police judiciaire. Dès lors, ayant reçu des injonctions d'efficacité répressive, on constate une

4 Laurent Mucchielli, « Une société plus violente ? Les violences interpersonnelles en France des années 1970 à nos jours », *Déviance et société*, 2008, 2, p. 115-147.

augmentation, parfois spectaculaire, de certaines de ces infractions.

1. La période 2002-2007 connaît une hausse particulièrement importante (70 %) en matière de délits à la police des étrangers. On reconnaît là l'effet des consignes données par le ministre pour durcir le contrôle des étrangers en situation irrégulière.

2. La période se caractérise par une hausse également très forte (45 %) des infractions à la législation sur les stupéfiants (ILS). À l'examen du détail, on constate qu'il s'agit essentiellement d'une pénalisation accrue des simples usagers de drogues (qui représentent les trois quarts de ces ILS et qui connaissent la plus forte hausse), sachant qu'il s'agit dans environ 90 % des cas de fumeurs de cannabis. Cette tendance est antérieure à 2002, mais elle s'est accélérée depuis.

3. Il faut faire une place à part aux infractions envers des personnes dépositaires de l'autorité publique (IPDAP), dont la progression est forte entre 2002 et 2007, comme dans la période précédente. Cette évolution témoigne à la fois d'une dégradation continue des relations entre la police et la population (en particulier celle des quartiers populaires), ainsi que d'une habitude prise par les policiers de judiciariser les heurts survenant en particulier lors des contrôles et des interpellations.

Une intrigante révolution en matière d'élucidation

La hausse du taux d'élucidation est le second motif d'autosatisfaction de Nicolas Sarkozy puis de Michèle Alliot-Marie. Ce taux a en effet progressé de dix points entre 2002 et 2007, passant de 26,3 % à 36,1 % de l'ensemble des faits constatés, ce qui constitue un renversement de tendance historique. En effet, si du côté de la police il y a bien longtemps que le taux d'élucidation stagnait au plus bas, celui des gendarmes avait chuté de 75 % au début des années 1980 à 32 % en 2002. Mais ce fait ne doit rien à une mauvaise volonté, ou à un défaut de management. Il est lié à l'évolution des modes de vie, marquée par la concentration de la population dans des zones urbaines puis périurbaines caractérisées par l'anonymat, l'absence de vie communautaire et de surveillance des domiciles et des véhicules. Lorsque, à partir des années 1960, l'on a assisté à une forte croissance des vols et des cambriolages, en liaison avec la diffusion des nouveaux biens de consommation, policiers et bientôt gendarmes se sont retrouvés face à une délinquance beaucoup plus intense et anonyme. Comment une telle évolution de fond a-t-elle été subitement renversée ?

Revenons aux deux mécanismes de production des « bons chiffres ». D'abord, rappelons un simple effet de structure : lorsque baisse la masse des affaires peu élucidées (vols) et augmente celle des affaires fortement élucidées (atteintes aux personnes), le taux d'élucidation augmente mécaniquement. Ensuite, les policiers et gendarmes enregistrent dans plusieurs catégories de délinquance des taux d'élucidation nettement supérieurs à 100 %, ce qui constitue une anomalie (comment peut-on résoudre plus d'affaires que l'on en constate ?) qui a augmenté depuis 2003 alors qu'elle avait diminué les cinq années précédentes. Enfin, regardons en détail sur quelles infractions policiers et gendarmes ont réalisé leurs progrès les plus nets. À l'examen, l'on s'aperçoit que *10 infractions (sur les 107 que compte la statistique) expliquent à elles seules près de 90 % des faits élucidés supplémentaires de 2007 par rapport à 2002*. Les unes relèvent de l'initiative policière, les autres des plaintes des victimes.

Du côté des initiatives policières, les policiers et les gendarmes ont surtout fait remonter leur taux d'élucidation en poursuivant davantage de fumeurs de joints et d'étrangers en situation irrégulière. À elles seules, ces deux catégories d'infractions expliquent près de 40 % des faits élucidés supplémentaires de 2007. Le reste est constitué par les IPDAP, la détention d'armes et le travail clandestin (allant souvent de pair avec la situation irrégulière), ces cinq infractions expliquant à elles seules près de la moitié du total. Ainsi, *l'augmentation de l'élucidation procède simplement de l'intensification des contrôles et de la verbalisation plus intensive des infractions découvertes (ou provoquées) à cette occasion.*

Du côté des plaintes des victimes, il s'agit naturellement d'atteintes directes aux personnes : coups et blessures volontaires (non mortels), violences verbales (menaces, « atteintes à la dignité »), infractions contre la famille et l'enfant (gardes d'enfants, pensions alimentaires), vols sur les particuliers. Et ces cinq infractions expliquent à elles seules plus de 40 % du total. Ainsi, *les policiers et gendarmes se sont concentrés sur les atteintes aux personnes, dont les auteurs présumés sont le plus souvent connus car reconnus et dénoncés par les victimes elles-mêmes.*

Quand il reste toujours un ennemi à combattre : les mineurs

Ainsi donc la délinquance baisserait-elle sans discontinuer depuis 2002. Mais, du coup, la sécurité ne risquerait-elle pas de ne plus être un problème ? Fort heureusement, il n'en est rien et il reste toujours des ennemis à combattre ! Parmi eux, les mineurs sont depuis longtemps la cible privilégiée des gouvernants (avec, désormais, les malades mentaux). En 2007, ils étaient celle de Nicolas Sarkozy, ministre de l'Intérieur, dans le cadre du vote d'une loi dite de « prévention de la délinquance ». En 2008, ils étaient celle de Rachida Dati, ministre de la Justice, dans le cadre de la préparation d'une énième réforme de l'ordonnance de 1945 organisant le droit pénal et la procédure pénale pour les mineurs. Défendant ses objectifs dans une émission de télévision, la ministre déclarait ainsi : « Il y a 204 000 mineurs qui sont mis en cause pour des actes graves. Des mineurs délinquants, c'est des violeurs, des gens qui commettent des enlèvements, des trafics de produits stupéfiants, qui brûlent des bus dans lesquels il y a des personnes. Les mineurs délinquants qui sont incarcérés ou placés en CEF y sont majoritairement pour des actes de nature criminelle. Il est important de faire cesser cette spirale de la délinquance. » Puis elle livrait cette observation « de terrain » : « Y'a pas longtemps, je viens de rencontrer un mineur à l'EPM de Marseille, 190 délits, 52 fois condamné. Alors à un moment donné, il faut mettre un coup d'arrêt à cette délinquance [5]. »

C'est une fois de plus la statistique de police que la ministre de la Justice évoque ici puisque, en effet, en 2007, les services de police et de gendarmerie ont mis en cause près de 204 000 mineurs. Mais dire qu'ils l'ont été pour « des actes graves » et ajouter que ces actes sont des viols, des enlèvements, des trafics de drogue et des atteintes à la vie d'autrui, constitue une très grave déformation de la réalité [6]. En réalité, après vérification (*cf.* tableau 2), l'ensemble des faits susceptibles d'être qualifiés de criminels (à savoir les homicides, les viols, les vols à main armée, les prises d'otages et séquestrations et enfin les trafics de drogue) ne représentent que 1,3 % du total des infractions reprochées aux mineurs. *A contrario*, 98,7 % de cette délinquance n'est donc pas constituée

---

5 Le 16 octobre 2008 dans l'émission *À vous de juger* de la chaîne France 2, qui peut être réécoutée sur Internet, par exemple sur : <www.politique.net>

6 Voir Laurent Mucchielli, « Note statistique de (re)cadrage sur la délinquance des mineurs », *Champ pénal*, 11 décembre 2008. Disponible sur : <http://champpenal.revues.org/document7053.html>

Tableau 2. Les mineurs mis en cause (MEC) par la police et la gendarmerie en 2007

	Effectifs mineurs MEC	% dans mineurs MEC	% dans total MEC
Ensemble des vols	87 222	42,8	32
• dont vols à main armée	379	0,2	14,5
• dont vols à l'étalage	18 881	9,3	33
• dont vols liés aux voitures et deux-roues	16 942	8,3	38,8
Délinquance économique et financière	3 804	1,9	4,1
Atteintes aux personnes	44 418	21,8	16,2
• dont homicides	37	0	4,7
• dont viols	1 585	0,8	23,3
• dont enlèvements, séquestrations	86	0	6,5
• dont coups et blessures volontaires	25 577	12,6	18
• dont menaces et chantages	6 204	3	15,4
Infractions à la législation sur les stupéfiants	17 771	8,7	11,4
• dont trafics	667	0,3	6,4
• dont simples usages	14 071	6,9	12,1
Infractions à la législation sur les étrangers	3 016	1,5	2,7
Destructions et dégradations	30 584	15	36,4
IPDAP*	7 118	3,5	16,8
Autres infractions	9 766	4,8	–
Total	**203 699**	**100**	**18**

* IPDAP = infractions à personnes dépositaires de l'autorité publique (outrages, rébellions et violences).

Source : ministère de l'Intérieur.

par des actes graves du type de ceux cités par la ministre (ce sont des vols, des dégradations, des bagarres, des simples usages de drogues, etc.). Cette dernière a donc présenté pour des généralités des crimes qui sont en réalité des exceptions. À ce degré de déformation du réel, l'on peut se demander s'il faut encore parler de bricolage, ou de mensonge… Au demeurant, il est intéressant de noter le fait qu'une journaliste a voulu vérifier l'« observation de terrain » évoquée par la ministre. Elle a ainsi contacté tous les services judiciaires de Marseille (magistrats, éducateurs, administration pénitentiaire) à la recherche du mineur 52 fois condamné et auteur de 190 délits, mais, personne ne l'ayant jamais vu là-bas, elle en a conclu que ce mineur n'existait pas [7] ! Mais qu'importe, il faut donc toujours un ennemi à combattre. Toujours les mêmes d'ailleurs, ici les mineurs, ailleurs les malades mentaux, ailleurs encore les clandestins…

Conclusion : les statistiques, entre contrôle administratif et communication politique

Nous avons vu que l'évolution des délinquances dépend d'une multitude de facteurs dont la plupart échappent à l'action policière. Sauf en matière de police des étrangers et d'usage de drogues, il n'existe pas de

---

7 Dominique Simonnot, « Un mineur 52 fois condamné par Dati », *Le Canard enchaîné*, 5 novembre 2008, p. 4.

corrélation directe entre le niveau de pression policière et l'efficacité de leur action. De manière générale, l'idée que l'intensification de l'action de la police serait le principal facteur (direct par dissuasion ou indirect par effet des arrestations) de réduction du volume global de la délinquance est donc une idée fausse. Le seul impact de cette politique est l'intensification de la répression de la petite délinquance, les magistrats ne pouvant faire autrement que juger le flux de petites affaires qui leur sont transmises, lorsque les procédures sont respectées.

Pour le reste, cette expérience de « nouveau management de la sécurité » a sans doute paradoxalement ruiné la crédibilité de son outil d'évaluation. En effet, que la statistique policière soit convoquée par un ministre de l'Intérieur pour évaluer la politique de sécurité n'est pas nouveau. Loin d'introduire une rupture, et tout en donnant l'illusion de prolonger les efforts de transparence du gouvernement précédent (en mettant sur pied l'Observatoire national de la délinquance), Nicolas Sarkozy a poussé cette logique plus loin que personne n'avait osé le faire, allant jusqu'à fixer à l'avance des objectifs indiquant un résultat déjà chiffré. Devenu président de la République, il a en effet écrit en juillet 2007 à son successeur au ministère, Michèle Alliot-Marie, une lettre de mission indiquant que « la délinquance doit continuer de baisser, de 5 % en deux ans pour la délinquance générale, de 10 % pour la délinquance de voie publique », et que « le taux d'élucidation des crimes et délits devra pour sa part être porté à 40 % ». Et pour être bien sûr d'y parvenir, les fonctionnaires de police voient parfois désormais leur évaluation directement reliée à la nature de leurs interventions quotidiennes [8].

Ô miracle, la prévision est en train de se réaliser si l'on en croit la conférence de presse de la ministre le 19 janvier 2009 [9], annonçant les chiffres de l'année 2008 [10]. Dès lors, on comprend mal comment les journalistes peuvent encore faire semblant de croire à la « belle histoire » qui leur est racontée en matière de lutte contre la délinquance et accorder le moindre crédit à des chiffres qui n'ont plus de rapport avec la réalité délinquante. La statistique de police semble surtout devenue un outil de contrôle administratif interne et de communication politique externe, d'aucuns diraient de propagande…

---

8 En témoigne cette « fiche d'évaluation opérationnelle » à remplir quotidiennement, expérimentée à la fin du premier semestre 2007 chez les CRS en Seine-Saint-Denis, qui vise à leur attribuer un nombre variable de points en fonction de la nature des interpellations (*Libération*, 11 juillet 2007). Il s'agit donc d'indiquer par avance aux policiers les infractions qu'ils devront constater sur le terrain !

9 <http://www.interieur.gouv.fr/sections/a_l_interieur/le_ministre/interventions/presentation-chiffres-delinquance>

10 À bien y regarder, les chiffres 2008 sont cependant contrastés. Si le taux d'élucidation approche les 38 %, la baisse de la délinquance a fortement ralenti (moins de 1 % de baisse en 2008 par rapport à 2007). En réalité, l'indicateur connaissant la plus forte évolution est sans doute celui des gardes à vue qui se chiffrent à près de 580 000 en 2008, soit une augmentation de près de 72 % par rapport à 2001 ! On constate ainsi qu'il existe un écart grandissant entre le niveau de la répression générale et son impact sur la délinquance réellement poursuivie, ce qui pose un problème de libertés publiques.

Conclusion

L'aventure continue…

À trop vouloir manipuler les chiffres, on risque tôt ou tard de « se prendre les pieds dans le tapis ». Les mésaventures de Dominique de Villepin avec les statistiques de l'emploi auraient pu servir de leçon à l'actuel gouvernement, il n'en a rien été. Nicolas Sarkozy en fait régulièrement l'expérience. Pour inspirer la confiance – un maître mot de l'action politique en ces temps de crise –, mieux vaut ne pas être constamment démenti par les faits. Or, en ne retenant volontairement que les hypothèses les plus optimistes dans les prévisions économiques des différents instituts de conjoncture, en détournant le sens de certaines statistiques pour accréditer l'efficacité de leur politique, en se bricolant des indicateurs spécifiques avec l'espoir qu'ils renverront une image flatteuse de la situation à l'opinion, nos gouvernants ont multiplié les occasions d'être cruellement contredits par la réalité.

Les faits sont en effet têtus. Souvenons-nous de la ministre de l'Économie et des Finances s'écriant en novembre 2008 « Je jubile ! » parce que l'Insee venait de souligner que la France avait échappé, pour quelques décimales (+ 0,14 %), à la récession, contrairement à l'Allemagne et au Royaume-Uni. Quelques commentateurs avisés se sont alors plu à lui rappeler ses multiples déclarations de début de mandat sur la solidité de notre système bancaire, lorsqu'elle affirmait encore lors d'une conférence de presse, le 17 août 2007 : « L'économie française repose sur des fondamentaux qui sont solides [...] je ne conçois pas aujourd'hui de contamination à l'économie mondiale. » La manipulation des statistiques vire ainsi rapidement à la méthode Coué et l'opinion publique pourrait bien finir par se demander si, la politique du bla-bla ayant succédé à celle du bling-bling, nos gouvernants n'en sont pas réduits aujourd'hui à faire l'autruche, en se cachant la tête dans le sable de chiffres sans signification réelle pour fuir une réalité sur laquelle leur emprise est très limitée.

Comme nous l'avons vu tout au long de cet ouvrage, les moyens de procéder à de multiples « arrangements » avec les chiffres sont nombreux et de plus en plus fréquents. Néanmoins, de véritables falsifications des statistiques ont été et sont encore impossibles dans notre pays. Des garde-fous par rapport aux dérives que l'on a pu constater dans d'autres pays existent depuis longtemps. Comme l'a d'ailleurs fait remarquer l'office européen de la statistique Eurostat dans un rapport publié en mars 2007, l'indépendance reste une composante forte de la « culture professionnelle » de l'Insee et des services statistiques des ministères. Toute dérive trop voyante dans la production ou l'utilisation des statistiques serait immédiatement dénoncée. Elle susciterait une mobilisation des personnels, mobilisation qui peut être massive quand cela leur paraît nécessaire. Du fait des inévitables observations du Conseil national de l'information statistique, des commentaires acerbes de certains médias et des réactions possibles du Parlement, elle risquerait de se retourner contre ses instigateurs.

Pourtant, les violentes polémiques autour de l'indice des prix et des chiffres du chômage durant la campagne électorale de 2007 ont incontestablement engendré une profonde crise de crédibilité du système de la statistique publique. Le président de la République lui-même a alimenté cette crise, notamment en déclarant lors de la conférence de presse du Conseil européen de Bruxelles, le 20 juin 2008 : « L'Insee nous a habitués, toutes ces dernières années, à faire une, deux, trois, quatre corrections dans l'année de ses propres corrections. » Cependant, compte tenu de son intensité croissante et de ses effets pervers, cette crise a finalement incité le gouvernement à endosser – sous la contrainte du Parlement et provisoirement ? – des habits du pompier après avoir joué le pyromane à plusieurs reprises... La loi de modernisation de l'économie adoptée en août 2008 prévoit en effet de créer une Autorité de la statistique publique dont la mission sera de « veiller au respect du principe d'indépendance professionnelle dans la conception, la production et la diffusion de statistiques publiques ainsi que des principes d'objectivité, d'impartialité, de pertinence et de qualité des données produites » !

Ainsi, le gouvernement actuel feint d'ignorer l'existence d'un code des bonnes pratiques statistiques, adopté en 2005 au niveau européen. Il s'agit d'un code déontologique à l'usage des pouvoirs publics de chaque pays de l'Union européenne, de leurs autorités statistiques et des personnels concernés. Il énonce quinze principes fondamentaux concernant tout à la fois l'environnement institutionnel (notamment l'indépendance professionnelle des autorités statistiques, le secret statistique, l'impartialité et l'objectivité de données diffusées), les procédures statistiques (méthodologie, charge pour les déclarants, rapport coût/efficacité) et les résultats disponibles (qui doivent être pertinents, exacts et fiables, permettre la comparaison dans le temps et l'espace, diffuser en temps utile et selon le calendrier prévu).

Nous ne rappellerons ici pour mémoire que quelques exemples des entorses à ce code de bonnes pratiques relatées dans les différentes contributions. Ainsi, l'éviction du directeur général de l'Insee par la présidence de la République en octobre 2007, au prétexte des polémiques sur l'évolution du chômage et du pouvoir d'achat, porte atteinte au principe d'indépendance professionnelle. La publication à la hâte par le Service statistique du ministère du Travail d'informations sur l'impact de la mesure d'exonération pour les heures supplémentaires est largement en contradiction avec le principe de pertinence des statistiques. Les multiples modifications sur les modalités de calcul du taux de chômage vont à l'encontre des principes de respect d'une méthodologie solide et d'exactitude et de fiabilité des résultats. Enfin, les nombreuses fuites sciemment organisées par des membres du gouvernement sur les statistiques en cours d'élaboration ou à la veille de publication constituent autant d'entorses graves et répétées au principe d'impartialité et d'objectivité (tous les utilisateurs doivent être placés sur un pied d'égalité) et à celui d'actualité et ponctualité (« les statistiques européennes doivent être diffusées aux moments prévus »). La liste qui vient d'être dressée est malheureusement très loin d'être exhaustive ! La proposition du Rapport Attali sur la « libération de la croissance française » en janvier 2008 de transformer l'Insee en agence laisse penser que la multiplication de ces entorses n'est pas un phénomène fortuit. Elle répond bien à une volonté de contrôler au plus près l'information statistique. Ainsi, le projet de délocalisation de l'Insee, initié pour compenser les effets de la réorganisation des armées sur l'équilibre des territoires, s'inscrit lui aussi dans cette démarche de reprise en main de l'appareil statistique.

L'idée de publier cet ouvrage, dont la plupart des auteurs sont des statisticiens publics, est bien antérieure au projet de délocalisation d'une partie de la statistique publique. Au hasard de notre activité professionnelle commune, nous avions en effet pu remarquer que tous ces multiples bricolages, truquages ou véritables manipulations faisaient sens et constituaient une remise en cause concertée de l'indépendance du système statistique, outil indispensable de la démocratie. Lorsqu'à l'été 2008, suite à une annonce du président de la République, le gouvernement a annoncé sa décision de délocaliser à terme 10 % de l'ensemble des effectifs parisiens d'administration centrale en province, soit 5 000 emplois, nous n'avons donc pas été surpris que les statisticiens soient directement visés par ce projet. Nous savions pertinemment que le système statistique était dans le collimateur de plusieurs hauts responsables politiques de l'actuelle majorité. Aussi, c'est sans étonnement que nous avons pris connaissance de la décision initiale du gouvernement de transférer purement et simplement à Metz la totalité (!) des effectifs parisiens du Système statistique public (SSP), c'est-à-dire l'Insee (1 500 personnes) et les services statistiques des principaux ministères (1 400 personnes). Néanmoins, aucune concertation préalable n'ayant précédé cette décision, le gouvernement a été rapidement contraint de revoir fortement son projet à la baisse (réduction à 1 000 postes seulement). Il s'est en effet simultanément heurté d'une part à une mobilisation des agents massive, très active, fort bien relayée dans l'opinion et, d'autre part, à la menace de démission du directeur général de l'Insee, Jean-Philippe Cotis (pourtant proche de Nicolas Sarkozy). Parallèlement, le gouvernement a commandé à ce dernier d'établir, en relation avec le vice-président du CNIS, un rapport sur le contour du futur pôle statistique de Metz. Rendu fin novembre, le rapport a précisé que « l'opportunité d'ouvrir une nouvelle implantation territoriale en Moselle ne va pas de soi » et qu'il s'agit d'un « projet à haut risque ».

Il est en effet légitime de s'interroger sur les motivations profondes du gouvernement dans ces choix sur les organismes à décentraliser. La statistique publique est déjà fortement décentralisée, notamment avec plusieurs pôles traitant de sujets nationaux implantés dans les directions régionales de l'Insee. Au total, les deux tiers des 8 500 agents de la statistique publique travaillent actuellement en province. Pour ceux qui sont encore à Paris, des raisons de proximité avec leurs partenaires militent pour leur maintien en région parisienne. Ainsi, pour les services statistiques des ministères (SSM), dont les plus importants sont ceux des ministères du Travail, de la Santé, de l'Éducation et de l'Environnement, la proximité des statisticiens avec les décideurs (directeurs d'administration centrale et cabinets ministériels) favorise leur insertion et la pertinence de leurs travaux. L'inévitable désorganisation temporaire que ne manquerait pas d'entraîner la délocalisation d'une partie importante des services pourrait dès lors constituer une opportunité pour le gouvernement pour renforcer son contrôle sur la production statistique. L'exemple de la délocalisation récente de l'office des statistiques anglais au Pays de Galles, en 2005, n'incite en effet guère à l'optimisme. Il s'est ensuivi une perte de compétence et de qualité, ainsi qu'un recul de la confiance des citoyens envers la statistique de leur pays, puisque l'Angleterre est maintenant classée dernière des vingt-sept pays de l'Union européenne sur ce sujet !

Rarement mis en cause frontalement, le maintien de l'indépendance du système statistique est un ouvrage qu'il faut sans cesse remettre sur le métier. Au terme d'une mission d'information parlementaire sur la « mesure des grandes données économiques et sociales », les députés Pierre-Alain Muet (PS) et Hervé Mariton (UMP) ont d'ailleurs été amenés en mai 2008 à recommander que l'indépendance de la statistique publique française soit inscrite dans la loi, qu'un organe de surveillance du respect de cette indépendance soit installé et que le code européen des bonnes pratiques soit rigoureusement appliqué par les services statistiques des ministères. La mission a également souhaité que l'Insee demeure une direction du ministère de l'Économie (c'est une spécificité de la statistique française) et a donc rejeté la préconisation du rapport Attali de transformer l'Institut en agence indépendante.

À la suite de cette mission et dans le cadre de la loi de modernisation de l'économie déjà évoquée, le Parlement a bien inscrit l'indépendance de l'Insee et des services statistiques des ministères dans la loi, avec une Autorité créée pour veiller au respect de cette indépendance au regard des différentes préconisations du code européen des bonnes pratiques statistiques. Cependant, les nouvelles dispositions réglementaires adoptées ou en voie d'adoption ne semblent pas suffisantes pour garantir la fin des dérives que nous avons mises en évidence. Certes, l'indépendance de l'Insee et des SSM dans la conception, la production et la diffusion des statistiques est bien réaffirmée. Mais la composition (neuf membres désignés) et les conditions de saisine de l'Autorité sèment le doute sur sa capacité à assurer l'indépendance réelle des statisticiens dans leur travail quotidien face à d'éventuelles pressions gouvernementales. En effet, ni les statisticiens ni même les syndicats de salariés ne pourront saisir l'Autorité lorsqu'une atteinte à l'indépendance aura été constatée, le droit de saisine est en effet réservé à ceux qui participent à la désignation de ses membres, au directeur général de l'Insee et au président du CNIS. Par ailleurs, la reconfiguration du Conseil national de l'information statistique, avec un rôle amoindri des syndicats en son sein, et une dépendance budgétaire et administrative par rapport à l'Insee maintenue, fait craindre que l'on assiste à des reculs sur le plan de l'indépendance du système statistique plutôt qu'aux progrès espérés.

Par-delà les avanies propres à la production statistique que nous avons relatées dans ce livre, les citoyens que nous sommes se demandent si ces stratégies politiques de manipulation des chiffres ne s'inscrivent pas dans un projet beaucoup plus vaste de reprise en main de l'ensemble de l'administration et de tutelle directe ou indirecte des médias. Avec la mise sous contrôle de la justice, l'asservissement de l'audiovisuel public, la remise en cause du droit d'amendement du Parlement, l'omniprésence médiatique et l'existence d'un véritable système de cour, la République de Nicolas Sarkozy ne s'est-elle pas déjà drapée dans les atours d'un régime autoritaire ? Que cachent en effet cette omniprésidence et cette volonté d'être partout, d'agir ou de donner un point de vue sur tout ?

À l'instar de nombreux autres corps de la fonction publique, nous (statisticiens et chercheurs publics) constatons avec regret qu'un véritable *spoil system* à l'américaine (valse des hauts responsables administratifs en fonction des préférences partisanes lors des alternances politiques) se développe plus que jamais, sous le fallacieux prétexte d'introduire un véritable management de la fonction publique. Comme d'autres, nous nous demandons si derrière la réorganisation territoriale de l'État, la réforme des cartes judiciaire ou hospitalière et la Révision générale des politiques publiques, il n'y a réellement que de louables intentions sur l'adéquation des moyens et des objectifs et un souci d'efficacité dans la gestion des finances publiques. Nos expériences personnelles nous en font sérieusement douter et nous sommes amenés, comme beaucoup d'autres, à penser que ces réformes visent en fait deux objectifs intimement liés : réduire le nombre de fonctionnaires et placer ceux qui restent sous le contrôle total du pouvoir politique.

Les statistiques étant souvent à l'information ce que le pétrole est à l'essence, nous avons également le sentiment d'être enrôlés de force dans un usage politique et politicien de la communication en direction des médias. Dans leur volonté de « forger l'opinion », nos responsables politiques se croient en effet obligés de répondre par une intervention médiatique à chaque fait divers qui suscite l'émotion populaire. Dans un accord presque parfait avec les grands médias (pour qui c'est sans doute de l'audimat assuré), ils prennent position sur tout et n'hésitent pas à crédibiliser leurs interventions et les mesures qu'ils sont amenés à proposer avec une surenchère de chiffres, utilisés le plus souvent hors du contexte dans lequel ils ont été produits.

Or, comme dans toute démarche scientifique, la production statistique nécessite une certaine distanciation avec l'objet étudié. Contrairement à ce que pense le ministre du Budget Éric Woerth lorsqu'il déclare le 24 juin 2008 : « L'Insee prévoit une croissance faible au deuxième trimestre. Nous, nous disons que l'Insee est pessimiste », la statistique publique n'a pas à avoir d'états d'âme, elle doit seulement fournir des résultats rigoureusement étayés. C'est peut-être là sa grande tare aux yeux du pouvoir politique actuel, car cette distanciation est parfaitement incompatible avec le *storytelling* autour duquel est articulé l'essentiel de sa démarche politique [1]. La donnée statistique n'a pas pour objet de susciter l'émotion ou de permettre de raconter une belle histoire. Elle est un outil de la connaissance et un bien collectif indispensable pour un débat démocratique digne de ce nom.

1 Christian SALMON, *Storytelling. La machine à fabriquer des histoires et à formater les esprits*, La Découverte, Paris, 2007.

Table

CPI
Bussière

Composition Facompo, Lisieux.
Impression réalisée par CPI Bussière
à Saint-Amand-Montrond (Cher)
en avril 2009.
Dépôt légal : mai 2009.
N° d'impression : 091347/1.
Imprimé en France